本研究得到河北省社会科学基金项目（HB12YJ084）、河北省软科学研究计划项目（14457512D）、河北省高等学校人文社会科学研究重点项目（SD141040）、河北经贸大学科研基金项目（2013KYY03）、河北经贸大学学术著作出版基金和金融学省级重点学科经费的资助。

# 推进农业产业化经营的融资机制研究

## ——基于农业价值链融资视角

李建英 著

中国社会科学出版社

**图书在版编目(CIP)数据**

推进农业产业化经营的融资机制研究：基于农业价值链融资视角／李建英著．—北京：中国社会科学出版社，2015.6

ISBN 978－7－5161－6436－5

Ⅰ.①推…　Ⅱ.①李…　Ⅲ.①农业产业化－融资－研究－中国　Ⅳ.①F320.1

中国版本图书馆CIP数据核字(2015)第132202号

出 版 人　赵剑英
责任编辑　宫京蕾
责任校对　石春梅
责任印制　何　艳

出　　版　中国社会科学出版社
社　　址　北京鼓楼西大街甲158号
邮　　编　100720
网　　址　http：//www.csspw.cn
发 行 部　010－84083685
门 市 部　010－84029450
经　　销　新华书店及其他书店

印刷装订　北京市兴怀印刷厂
版　　次　2015年6月第1版
印　　次　2015年6月第1次印刷

开　　本　710×1000　1/16
印　　张　11
插　　页　2
字　　数　157千字
定　　价　36.00元

# 前　言

农业产业化是加快实现农业现代化的必由之路和必然选择，农业产业化发展不仅关系到提升县域经济发展的质量和竞争力，还关系到地区经济的和谐发展。在当今世界农业的商品化、市场化、社会化的过程中农业产业化起到了巨大的推动作用，在农产品市场趋于国际化发展的过程中，农业竞争更加趋于整个产业链条和运作体系的整体竞争。

目前，我国农业产业化发展存在农户分散化、农业合作组织市场影响力小、农业购销及加工企业规模小、缺乏抵押品等问题，从而造成了金融服务成本高、风险大、收益低的现状。在农业产业化过程中，出现产业链和价值链各环节不同利益主体的金融服务严重失衡的状况，以至于农业产业化生产技术水平较低、产业的规模和效益不高、产业技术的升级速度缓慢，金融对农业产业化发展的作用很难充分发挥。在农产品市场不断由区域化向全国化、国际化发展的过程中，农业竞争越来越多地表现为农业产业价值链条和产业运作体系的竞争，但分散的农户由于金融服务收益低、风险大、成本高等因素很难参与到农业价值链中，农业产业化的发展迫切需要金融产品和服务的创新。

2014 年的中央农村工作会议提出“要把产业链、价值链等现代产业组织方式引入农业，促进一、二、三产业融合互动”。2015 年的中央一号文件强调“推进农村一、二、三产业融合发展。增加农民收入，必须延长农业产业链、提高农业附加值”，“要求农村金融主动适应农村实际、农业特点、农民需求，改革创新，提供服务，为提高农业产业竞争力助一臂之力”。农业价值链是在经济全球化、知识信息一体化背景下，在农业技术发展、竞争、需求等诸多不确定性要素的复杂环境下产生的一种新型农业组织运作模式。农业产业化的发展可以有效地延长农业价值链，在价值链的各环节提高农产品附加值，提高农业产业化经营的综合效益。如何依托农业产业链和价值链，利用金融创新为产业链条上各环节各利益主体提供有效的金融服务，促进我国农业产业化发展，已成为当前推进我国农业产业化最迫切需要研究的课题。

本书从理论和实践的角度，结合我国农业产业化经营金融支持状况，从农业价值链视角分析我国农业产业化经营融资机制，提出农业价值链融资是推进我国农业产业化经营发展的一个有效金融服务创新措施。农业价值链融资不仅可以把农产品的产供销联系起来，为农业价值链上的参与主体提供有效的融资服务，还能够带动小农户进入大市场，推进农村第一、第二、第三产业的融合，实现农业产业化经营。

本书第一章介绍了研究背景和意义、文献综述、研究思路和方法。第二章界定了农业产业化与农业产业化融资、产业链和价值链、农业产业链和农业价值链融资的概念；阐述了农业产业化融资的相关理论。第三章系统地研究了我国农业产业化经营金融支持的现状及存在的问题，并以河北省赞皇大枣产业为例分析了特色农业产业化的金融支持状况，以河北省廊坊地区为例分析了农业产业化经营中农民专业合作社的融资状况。第四章基于农业价值链视角分析了当前我国农业产业化融资模式在农业价值链中的风险、各环节的融资状况、存在的问题以及制约因素。第五章阐述了农业价值链融资的基本框架：农业价值链融资机制、模式构成以及农业价值链融资相应的工具。第六章介绍了国内外农业价值链融资的实践与经验。第七章从价值链稳定性角度分析我国农业价值链融资的风险界定、成因及农业价值链融资的风险管理。第八章提出我国推进农业产业化经营的融资路径选择在于：构建适应我国国情的农业价值链融资的环境，加强农业产业化经营中农业价值链融资的支持力度；搭建招商平台，引导社会资本进入农业价值链；运用资本市场，筹集农业产业化经营所需的资金；建立健全农业价值链融资的保障机制。

有关农业产业化融资、农业价值链融资问题的研究内容涉及面很广，本书只是对这方面做了初步的探讨，还有许多问题亟待进一步深入研究。由于笔者水平有限，书中难免有错误和不足之处，恳请读者提出宝贵意见，以便及时改进。

本书的撰写参考了大量文献，引用了大量数据，十分感谢这些文献和数据作者的辛勤劳动，对此，在引文中力求做到一一注明，如有遗漏敬请谅解。张文田、田岚、耿娆、陈晓参与了第二章、第三章、第五章中部分内容的撰写。

在对于农业产业化融资、农业价值链融资问题的研究中，本书受到了河北省社会科学基金项目（HB12YJ084）、河北省软科学研究计划项目（14457512D）、河北省高等学校人文社会科学研究重点项目（SD141040）、河北经贸大学科研基金项目（2013KYY03）的资助。本书的出版还得到河北经贸大学学术著作出版基金和金融学省级重点学科经费的资助，在此表示衷心的感谢！

# 目 录

# 第一章

# 绪　论

## 一　研究背景和意义

### （一）选题背景

农业产业化经营是在20世纪80年代被提出，并在全国逐渐推广和实施起来的。农业产业化经营在近30年的发展中对转变农业发展方式、提高农业组织化程度、推动现代农业的发展发挥了关键性的作用。但是，无论是农业发达国家的横向发展还是纵向发展比较，我国的农业产业化经营仍处于初级阶段。党的十八大报告提出，“解决好农业、农村、农民的三农问题是全党工作的重中之重”，中央经济工作会议指出，“夯实农业基础，保障农产品供给。要在创新农业产业化经营体制的基础上，加强农业价值链的发展，保证农业价值链生产过程中的农产品质量，从源头上确保农产品的质量安全”。创新现代农业发展，离不开农业产业化经营的推进。

作为农业大国，县域经济的发展是解决“三农”问题的根本途径。县域产业中农业仍然占主导地位，而农业产业化是由传统农业向现代农业转型的必然选择。农业产业化以农民参与为基础，市场为导向，科技服务为手段，加工企业为依托，把农产品的生产、加工、销售连成一体，促进农产品加工转化增值，实现一二三产业的有机连接，促进农业结构战略性调整，带动农户按照市场需求进行专业化、集约化生产，形成优势产业集聚，建立有竞争力的市场主体，可以有效地提高农产品的附加值，延长农业产业链，提高农业的综合效益。由此可见，农业产业化是一个结构完整的系统工程，农业产业化是建设社会主义新农村的重要内容，也是加快实现农业现代化的必经之路。

农业产业化发展不仅关系到提升县域经济发展的质量和竞争力，还关系到地区经济的和谐发展。农业产业化要求金融服务范围从传统的农业生产扩大到农产品加工流通、农业科技研发推广、农机农资生产销售等各个环节，从而覆盖整个产业价值链。目前，我国农业产业化发展存在农户分散化、农业合作组织市场影响力小、农业购销及加工企业规模小、缺乏抵押品等问题，从而造成了金融服务成本高、风险大、收益低的现状。在农业产业化过程中，出现产业链和价值链各环节不同利益主体的金融服务严重失衡的状况，以至于农业产业化生产技术水平较低、产业的规模和效益不高、产业技术的升级速度缓慢，竞争优势比较明显的特色农业产业发展滞后，金融对农业产业化发展的作用很难充分发挥。在农产品市场不断由区域化向全国化、国际化发展的过程中，农业竞争越来越多地表现为农业产业价值链条和产业运作体系的竞争，但分散的农户由于金融服务收益低、风险大、成本高等因素很难参与到农业价值链中，严重限制了竞争能力，农业产业化的发展迫切需要金融产品和服务的创新。2013 年中央一号文件明确指出“改善农村金融服务，创新金融产品和金融服务”。可见，创新农业产业化与可持续发展的金融服务已迫在眉睫。因此，如何依托农业产业链和价值链，为产业链条上各环节不同利益主体提供有效的金融服务，就成为当前县域农业产业发展最迫切研究的内容。

农业价值链是在经济全球化、知识信息一体化背景下，在农业技术发展、竞争、需求等诸多不确定性因素共同作用的复杂环境下产生的一种新型农业组织运作模式。寻求农业价值链的发展是农业产业化发展的一条可行之路。农业产业化的发展可以有效地延长农业价值链，在价值链的各环节提高农产品附加值，提高农业产业化经营的综合效益。农业产业化经营的推进要求金融服务范围从传统的农业生产领域扩大到整个农业价值链，涉及农产品加工流通、农机农资生产销售、农业科技研发推广等各个环节。然而，在我国农业产业化过程中，金融对农业产业化经营的支持作用有限，因此推进农业产业化经营的融资机制研究，解决我国农业产业化经营中面临的资金缺乏问题极为迫切。

### （二）选题意义

2014 年中央一号文件明确提出，“加快推进农业现代化”，“整合和统筹使用涉农资金”，“强化金融机构服务‘三农’职责”，“发展新型农村合作金融组织”。农业产业化是加快实现农业现代化的必由之路和必然选择，也是建设社会主义新农村需要考虑的重要内容。农业产业化在当今世界农业的商品化、市场化、社会化的过程中起到了巨大的推动作用，在农产品市场趋于国际化发展的过程中，农业竞争更趋于整个产业链条和运作体系的整体竞争。现代农业的根本出路在于产业化，传统农业是从种植业开始抓，一直抓到市场，现代农业应该是从市场开始抓，从品牌开始抓带动基地，带动结构调整，带动农民增收。我国农业产业化真正的出路在于协同式的产业链的建设和打造。

目前由于资金缺乏等原因，我国农业产业化发展严重滞后于农业发达国家。农业生产的分散化、农业购销及加工企业规模偏小、缺乏抵押品、市场影响力小等因素造成获得金融机制的成本高、风险大、收益低，甚至难以获得正规金融机构的资金支持。从中外的实践来看，农业价值链融资具有“产业联动，以大带小”的特征，使产业链上所有参与者以产业链为纽带，提高了农户在价值链中的参与程度，降低了融资成本和风险，实现生产的集约化、组织化，为整个农业产业链提供金融解决方案。因此，如何依托农业价值链，为农业价值链条上各环节利益主体提供有效的金融服务，就成为当前推进我国农业产业化经营最迫切需要研究的课题。本书基于农业价值链融资的视角，研究农业产业化的发展中的融资问题具有重要的理论和现实意义。

## 二 文献综述

### （一）国外文献综述

1. 关于农业产业化的金融支持

马克·达本斯特（Mark Drabenstott，1995）和巴克马（Barkema，

1993）认为，农业产业化的发展，主要是因为消费者对市场提出了新的要求，而这种要求直接导致农产品生产商不断地进行自我突破、自我发展、跨领域交流合作、规模化建设、社会化服务、企业化管理，并逐步形成一体化的经营体系。它实质上是对传统农业进行技术改造，推动农业科技进步的过程，从整体上推进传统农业向现代农业的转变。彼得·海因（Peter Hine，1985）的企业（组织）"协同"观点在农业产业化龙头企业带动农户这种产业化经营的实践中有充分的体现。马祖尔·G（Mazure G.，2007）认为农业产业化是发展市场经济的客观要求，是推进农业增长方式转变的有效途径。阿兰·W. 格雷（Allan W. Gray，2007）则系统性地将推动农业产业化的因素归结为科技的发展、金融支持、人力资本、人类消费方式的转变和产业价值链。

史蒂文·L. 克洛泽（Steven L. Klose，2005）认为，农业产业的资金短缺、融资困难是其产业化道路上的一块绊脚石，因此构建农业产业化的支持体系是十分必要的①。对于尚处于发展中国家的中国，明·苏（Ming Su，2002）认为，政府应该提高对农村农业产业化的预算，增强农业在金融领域的投资。同时，政府还应制定一系列吸引投资的措施，如降低税率、福利计划等，以吸引更多的外来资金。最后政府还应建立健全监管机制，确保政府投入在农业产业化方面的每一分钱都能用于农业产业化的发展。史蒂文·L. 克洛泽（Steven L. Klose，2005）认为若想实现农业的大规模产业化，必须寻求金融支持以突破这一束缚。为解决其在发展过程中出现的资金短缺问题，一方面应健全农村金融供给体系，深化农村信用改革，完善农村保险机制；另一方面在发挥民间金融的积极作用的同时，还应加强政府在金融支持方面的作用，制定一系列有利于农业产业化发展的政策措施。对此，史蒂文·L. 克洛泽（Steven L. Klose，2005）提出了一种称为金融及风险管理的援助计划，该计划旨在为农民提供长期的金融

① Klose S. L. Outlaw J. L. , *Financial and Risk Management Assistance：Decision Support for Agriculture*, Journal of Agricultural and Applied Economics, 2005, 37 (2): 415—423.

咨询服务，并在一定规模上为其提供融资渠道，从根本上解决农业发展中资金短缺的问题。另外，该计划还建立了多元化的农村金融体系，为农业产业化的发展提供了新的思路。

2. 关于农业价值链融资

在经济全球化、知识信息一体化背景下，农业价值链是在农业技术发展、竞争、需求等诸多不确定性因素共同作用的复杂环境下产生的一种新型农业组织运作模式。农业强国在推进农业现代化的过程中都高度重视农业产业链的整合与分工协作，注重农产品产前、产后的延伸以及加工增值转化。如美国的农产品生产、加工、运输仓储、营销等各环节是紧密相连的，有很高的产业化水平，基本上是“从田间到餐桌”的产加销一体化。在荷兰，根据市场行情各类农业合作社为农民提供的是生产、加工、销售、保险、金融等一条龙服务。然而，发展中国家农业还是以传统农业为主，农业产业链不稳，破坏了为农业融资的所有可能性，农业领域一直以来难以通过正规金融机构和途径获得融资（Miller，Calvin，2010）①。

但是，当融资是来自价值链内部而非价值链外部的金融机构时，情况似乎有所不同（堪培奥，2006）。近年来，世界银行、泛美开发银行、美国国际开发援助署（USAID）、皇家热带研究所、国际乡村重建研究所（IIRR）等许多国际性组织开始关注农业价值链融资，研究表明，农业价值链融资是用以解决约束条件和机会之间矛盾的、流经或流向价值链的融资活动。一方面，银行能够通过农业价值链了解产品及其附加值以及营销过程，并以此融资，进一步合理确定财务需要、调拨各环节资金（米勒，2010）②，金融机构已经开始意识到价值链的重要性（Ken Shwedel，2010）③，了解价值链和它们运作的领域，并且专门针对这些价值链和价值链参与者的真实情况开发金融产

① Miller，C. and Jones L.，*Agricultural Value Chain Finance：Tools and Lessons*，The Food and Agriculture Organization of the United Nations and Practical Action Publishing，2010.

② Ibid..

③ Quirós，Rodolfo，*Agricultural Value Chain Finance*，FAO and Academia de Centroamérica，2011.

品。另一方面，小农户可以从价值链其他环节中的利益相关者处融资，不断一体化的农业价值链增大了融资的可能性，在价值链内融资以及对价值链提供融资的稳固性与价值链及其利益相关者有关（Grace，2010）。另外，农业价值链融资模式中的技术援助能够提高农业价值链竞争力，促进小农户的有效一体化（Campion，2010）。米勒（2010）介绍了农业价值链融资的方法，根据不同商业模式和不同价值链的特点，提及了许多相应的金融工具，并描述了其世界范围内的广泛应用。温纳（Wenner，2010）举例说明了价值链融资工具及其在农业融资中日趋广泛应用的原因。

在消费者追求更高价值、更多加工产品、稳定的质量和安全标准的需求驱动下，农业领域正向现代化的极具竞争力的系统发展演变（Miller，Calvin，2010）。围绕农业价值链融资，一些发展中国家的银行、信用社、小额信贷组织等金融机构专门进行金融产品和服务的创新。如津巴布韦蘑菇养殖系统产业链融资方案，基于产业价值链中现有关系网提供用以支持整个产品流程（从农民到最终消费者）的金融服务（都市农业与食品安全咨询小组和资源中心，2010）；哥斯达黎加的基于订单农业的农业价值链融资案例（Quiros，2007）[①]。秘鲁信用社运用农产品生产者驱动价值链模式对咖啡种植者提供融资（Roman Kosodiy，Anna Bondarenko，2008）[②]；秘鲁促进型洋蓟价值链的开发和融资中，阐述了资金在价值链中的流动方向，以及正式金融体系在价值链中的角色（堪培奥，2006）。

另外，尼亚拉瓜 LAFISE 农业集团针对农业价值链进行价值链内部垂直整合，从金融产品（信贷服务或其他）到技术支持以及营销提供一体化服务模式（Enrique Zamora，2008）。世界信贷联合会理事会在秘鲁和肯尼亚的农业生产中利用技术导向性的综合融资价值链提高小农户

---

① Rodolfo Quirós, *Agricultural Value Chain Finance*, San José, C. R：Academia de Centroamérica；FAO；RUTA；Serfirural，2007.

② Roman Kosodiy，Anna Bondarenko，*Value Chain Approach to Rural Finance*，Poster Paper presented at IAMO Forum，2008.

间的收入，促进经济增长和确保粮食安全，融资增加价值链的生产力(Jennifer Bernhardt，Stephanie Grell Azar，Janette Klaehn，2009)。在农业价值链融资中，价值链的参与者往往更容易受到扩大市场的渴望驱动，比受融资盈利能力的驱动更大（尼奥罗，2007），因此，各个环节稳固的联系、技术援助和市场评估对成功融资是至关重要的因素。在非洲、亚洲、中美洲和南美洲，很多发展中国家都在学习农业价值链融资的实践经验和方法。伴随日益提高的农业集约化和相互依存关系，现代化农业建设中价值链融资的机遇与需求的相关程度也日益增强。

## （二）国内文献综述

### 1. 关于农业产业化的金融支持

所谓农业产业化发展的金融支持，是指在政府部门宏观调控和严格监管的前提下，通过市场机制直接配置资源的作用，结合农业产业化过程中的具体特征，在保证金融机构自身最大利益的基础上，最大限度地满足农业产业化发展过程中对金融产品和金融服务的需求，从而实现金融产业和农业产业化自身的快速发展和两者之间的协调互动。在此过程中，保证自身利益最大化是基本前提，满足农业产业化资金需求是工作核心，目标就是要建立相应的金融支持体系和运行机制（黄薇、于明霞，2007；唐邦勤，2009）。①②

从内在逻辑上看，金融发展对经济增长的作用和金融产业对真实产业发展的作用为农业产业化发展寻求金融支持提供了坚实的理论基础，其作用机制是银行等金融机构和金融市场，按照一定的规则，通过某种金融工具，把拥有的资金转化为金融资本后，为农业产业化企业的发展提供各种资金支持，进而推动整个农业产业效益的提高、规模的扩大和

---

① 黄薇、于明霞：《农业产业化金融支持弱化成因分析》，《长春金融高等专科学校学报》2007 年第 2 期。

② 唐邦勤：《我国农业产业化金融支持的研究进展及趋势》，《生产力研究》2009 年第 9 期。

结构的优化（罗富民、朱建军，2007）[①]。农业产业化水平与金融支农程度之间是相辅相成、互为条件的关系，实证分析结果显示，我国大部分地区目前的产业化水平及金融支农程度仍不是很高，并没有达到良性均衡状态，呈现为信贷不饱和供给下的金字塔效应（徐冯潞，2007）[②]。

2. 关于农业产业链的研究

农业产业链是产业链在农业中的表现形式，产业链的实质就是产业关联，而产业关联的实质就是各产业之间的供给与需求、投入与产出的关系（赵绪福、王雅鹏，2004）[③]。农业产业链是与农业初级产品密切相关的产业群构成的网络结构，包括为农业生产做准备的科研、农资等前期产业部门，农作物种植、畜禽养殖等中间产业部门，以农产品为原料的加工、储存、运输、销售等后期产业部门（刘金山，2002）。农业产业链实际是“一个贯通资源市场和需求市场，由为农业产业化产前、产中、产后提供不同功能服务企业或单元组成的网络结构”（龙祖坤，2008）[④]。农业产业链是具体的不同农产品链的集合体，农业产业链管理是将农业生产资料供应、农业生产、加工、储运、销售等环节连接成一个有机整体，对人、财、物、信息、技术等要素流动进行组织、协调与控制，以期获得产品价值增值的活动过程（王凯，2002）[⑤]。

3. 关于农业价值链融资的研究

我国对于农业价值链融资的实践最早主要是农业银行、城商行、信用社等金融机构基于“企业 + 农户”订单农业提供的金融支持，相关研究也是围绕如何为龙头企业和农户提供更好的金融服务推进订单农业进行的，从金融业发展的角度提出了设立订单农业风险保险、利用农产

① 罗富民、朱建军：《农业产业化发展的金融支持研究 理论阐释与个案分析》，《农业经济》2007 年第 2 期。

② 徐冯璐：《农业产业化与金融支持相关度的定量分析》，《湖南农业大学学报》（社会科学版）2007 年第 8 期。

③ 赵绪福、王雅鹏：《农业产业链、产业化、产业体系的区别与联系》，《农村经济》2004 年第 6 期。

④ 龙祖坤：《土家族地区农业产业链拓展方略》，《中国集体经济》2008 年第 18 期。

⑤ 王凯、韩纪琴：《中国农业产业链管理的理论与实践研究》，南京农业大学，2002。

品期货市场、建立订单农业信贷制度等促进订单农业发展的农村金融创新思路（王川，2007）①。实践中发现，在农产品收购、加工和扩大生产规模需要资金时，大部分龙头企业有抵押、担保，一般较容易从金融机构获得各种信贷支持，但是农户缺乏合格的抵押品和担保，很难获得生产资金（吕栋，2014）②。因此，我国现有的金融支持订单农业的模式没有从根本上解决农户的资金需求问题。

从金融机构的角度，目前我国已有部分商业银行在探索农业价值链融资模式，但是规模小、涉及的价值链还不完整，需要进一步深入研究和实践。黑龙江的龙江银行于2006年开始研究农业供应链金融，2007年开始试点，以金融与农业产业链的结合为切入点，结合供应链生产到销售各环节的融资需求，探索出以农民专业合作社为主体的农业供应链金融模式，解决了黑龙江部分农业发展资金瓶颈。中国农业银行、若干城市信用社、农村信用社也在积极探索和推进农业价值链融资服务和创新。通过农业价值链创新，一方面可以增强农业企业的融资能力和融资手段，其自身信贷约束减轻；另一方面通过产品和信贷的互联交易制度，增进农户市场可及性、技术服务的可及性和信贷获取能力，进而改善农户福利，实现包容性农村发展（马九杰，2013）③。

在理论研究方面，一是有关农业价值链融资的类型与模式的介绍：国外农业价值链内融资和链外融资模式（何广文，2014）④，以及马里、坦桑尼亚等发展中国家价值链融资方式（靳淑平、王济民，2014）⑤；二是我国农业价值链融资案例：例如，我国金融机构基于订单农业的价值链金融创新的案例（马九杰等，2011）⑥；基于农业合作社农业价值

① 王川：《促进订单农业发展的金融创新》，《世界农业》2007年第10期。

② 吕栋：《大金融视角下订单农业的融资模式设计》，《金融与经济》2014年第6期。

③ 马九杰、温铁军：《订单农业与价值链金融：贸易和信贷互联的交易制度及其影响》，中国农业出版社2013年版，第22页。

④ 何广文：《国外农业价值链及其融资模式的启示》，《农村金融研究》2014年第5期。

⑤ 靳淑平、王济民：《马里等发展中国家的农业价值链融资问题》，《世界农业》2014年第12期。

⑥ 马九杰等：《基于订单农业发展的农业价值链金融创新策略与案例分析》，《农村金融研究》2011年第7期。

链融资案例：以重庆市北碚区金刀峡农业合作社为例（张永升、杨伟坤、马九杰、朱乾宇，2011）[①]；以温氏集团为例的农业产业化龙头企业的价值链融资（姚淑芬，2011）[②]；三是有关农业价值链融资模式与农户信贷关系的研究：基于订单农业的农业价值链以预付款、赊销、股权投资以至直接借款等方式，将资金从龙头企业传导到小农户，缓解农户面临的信贷约束（马九杰等，2011）；订单农业中贸易信贷与农村金融机构的信贷供给是互补的，贸易信贷将通过改善农户的信贷、市场、技术、生产资料的可得性，进而改善福利（马九杰，2013）；在农业价值链融资模式中，银行与借款农户之间相互作用进行博弈的结果是：核心企业的信用担保和动产抵押以及对贷款的封闭式管理有效地降低了农业贷款的交易成本与风险；与一般交易模式相比，银行在产业链交易模式下能更有效地监控农户的现金流，银行与借款农户之间的借贷博弈均衡更容易达到（刘西川、程恩江，2012）[③]。贺群等（2013）运用Heckman模型实证分析表明，供应链内部融资是一条拓宽农户信贷可获性的路径，可以显著缓解农户受到的信贷约束[④]。从交易成本视角来看，农业价值链内部融资具有成本优势，农业价值链内部融资是改善农民融资困境的有效方法（周雨淑，2014）[⑤]。农业价值链融资在解决小微农业企业融资难中具有独特的优势是，能有效降低交易成本，减少信息不对称，弥补抵押品缺失，提高盈利能力（张庆亮，2014）[⑥]。

① 张永升、杨伟坤、马九杰、朱乾宇：《基于合作社的农业价值链融资研究——以重庆市北碚区金刀峡农业合作社为例》，《世界农业》2011 年第 10 期。

② 姚淑芬：《农业产业化龙头企业的价值链融资探讨》，《重庆科技学院学报》2011 年第 4 期。

③ 刘西川、程恩江：《农业产业链融资：案例考察与博弈分析》，《金融发展评论》2012 年第 13 期。

④ 贺群等：《供应链内部融资与农户信贷可获性实证分析——基于江苏省阜宁县调查数据》，《农业技术经济》2013 年第 10 期。

⑤ 周雨淑：《农业价值链内部融资对解决农户贷款问题的优势——基于交易成本视角》，《绍兴文理学院学报》2014 年第 6 期。

⑥ 张庆亮：《农业价值链融资：解决小微农业企业融资难的有效途径——从交易成本的视角》，《云南社会科学》2014 年第 5 期。

从实践来看，农业价值链融资在农业产业化中占有重要作用，一是缓解了中小企业和农户的融资难题。农业中小加工企业和农户融资难的问题一直以来备受关注。农业价值链融资拓宽了农业中小加工企业的融资渠道，缓解了农业价值链中中小加工企业的融资难题。农业价值链融资模式的发展为农村金融服务创新提供了新思路。二是实现了“小农户”进入“大市场”。农业产业化是实现农业集约化、规模化、专业化经营的途径，农业价值链融资模式使农业运行变为：“农资供应商—农户—农业合作社—加工企业—流通企业—市场”，它把与农业相关的各个主体联系起来解决了相互之间的融资难的问题，并带动农户进入市场，实现了农村经济的平稳、有效的发展。

近几年，农业价值链融资在我国也有了初步的发展，例如具有代表性的基于订单农业的农业价值链融资模式。基于订单农业的农业价值链融资模式属于农产品购买者推动的农业价值链模式，这种模式是农业价值链中生产者与价值链上的其他利益相关者之间，通过事前设定的条款进行交易，包括正式的合同订单和非正式的订单。基于订单农业的农业价值链融资模式主要有三种形式：一是农业企业为与其有订单关系的农户提供担保，帮助农户获得贷款；二是通过“公司＋农户”的订单农业，基于农业价值链，农业企业直接向小农户以赊销生产资料、提供预付款或直接贷款的形式提供信贷，不仅使龙头企业获得资金，还能使小农户获得需要的资金，有助于帮助解决小农户贷款难的问题；三是银行等金融机构在订单的基础上，以订单抵押向订单农户提供信贷。

伴随着我国农业产业化经营的发展，我国各地农业产业化发展则表现出多样性、多层次性和混合性，推进农业产业化进程使得农业价值链融资的研究更为迫切，如何结合当地农业生产要素优势，探求有效的农业产业化融资机制是理论落到实处的关键步骤。这需要对国内外多个地区进行实例研究，总结成功经验，进而提出可供借鉴的方式。

## 三 研究思路和方法

第一部分，农业产业化融资相关文献综述与理论基础。利用文献法界定农业产业化与农业产业化融资、产业链和价值链、农业产业链和农业价值链融资的概念；阐述农业信贷补贴理论、农村金融市场理论、农村金融不完全竞争市场理论、农业价值链融资理论等农业产业化融资理论的理论基础。

第二部分，我国农业产业化经营金融支持基本情况。分析我国农业产业化经营金融支持的现状及存在的问题；通过调研了解以河北省赞皇大枣产业为例分析特色农业产业化的金融支持状况以及以河北省廊坊地区为例分析农业产业化经营中农民专业合作社的融资状况。

第三部分，基于农业价值链视角的农业产业化经营融资。针对当前我国农业产业化经营的主要融资模式，分析不同融资模式在农业价值链中的风险；分析农业产业化经营中价值链各环节的融资状况以及存在的问题，并以河北省为例分析农业产业化经营中融资的现状及制约因素，制约因素主要从农业价值链融资运行的农业组织层面、农业政策层面、技术层面、农产品质量与安全标准层面进行分析。

第四部分，农业价值链融资的基本框架。阐述农业价值链融资机制、模式构成以及农业价值链融资相应的工具，并运用农业系统中差异化案例进一步对这些工具和机制予以说明阐释。

第五部分，国内外农业价值链融资的实践与发展。首先对国外具有代表性的国家和地区的农业价值链融资案例进行分析总结；其次，对国内现有的农业价值链融资案例进行分析总结；再次，分析国内外农业价值链融资在融资功能和提高竞争力功能方面的经验教训，分析农业价值链融资在改善农村金融供给的有效性，促进小农户规模化、农业集约化，提高农产品质量与安全标准的作用；最后，比较国内外农业价值链融资的差异。

第六部分，农业产业化经营中农业价值链融资的风险及其管理。从价值链稳定性角度分析我国农业价值链融资的风险界定及其成因，研究农业价值链融资的风险管理。

第七部分，我国推进农业产业化经营的融资路径选择。构建适应我国国情的农业价值链融资的环境，加强农业产业化经营中农业价值链融资的扶持力度；搭建招商平台，引导社会资本进入农业价值链；运用资本市场，筹集农业产业化经营所需的资金；建立健全农业价值链融资的保障机制。

# 第二章

# 农业产业化融资的相关概念及理论基础

## 一　农业产业化融资的相关概念

### （一）农业产业化和农业产业化融资机制

农业产业化就是对传统农业实施技术改造，优化生产要素组合，用科技推动农业发展，把农业和相关产业结合起来，从而实现规模化经营，社会化服务的过程。农业产业化基本思路是：确定主导产业，实行区域布局，依靠龙头企业带动，发展规模经营，实行市场牵龙头，龙头带动基地，基地连农户的产业组织形式。①

融资机制是指资金融通过程中各个构成要素之间的作用关系及其调控方式，包括融资主体的确立、融资主体在资金融通过程中的经济行为、国民储蓄转化为投资的渠道、方式以及确保促进资本形成良性循环的金融手段等各个方面。资金在农业生产、加工销售各个环节中的融通，包括内部融资和外部融资，农业融资的工具、方式等各个环节之间的影响和作用构成了农业产业化融资机制。

### （二）产业链和价值链

赫希曼在1958年从产业链的前向联系和后向联系的角度阐述了

① 任一萍：《农业产业化龙头企业绩效评价研究》，硕士学位论文，河北大学，2006年，第7页。

产业链的概念[①]。在我国，姚齐源在1985年发表的《有计划商品经济的实现模式——区域市场》一文中最早提出了产业链一词。产业链是指一种经济的链条形态，是有经济关联的各个部门和主体之间以特定的关系（上下游、产供销等）为依据而形成的经济链条。它既包括价值链和供需链，还涉及企业链和空间链，是一个多维度的链条形态。

“价值链”概念是迈克尔·波特于1985年在其著作《竞争优势》中提出的，波特认为，价值链是企业用来进行设计、生产、营销、交货以及对产品生产及销售起辅助作用的各种活动的集合，他还认为企业价值链是九种基本活动（内部后勤、生产作业、外部后勤、市场和营销、服务五种基本活动以及采购、技术开发、人力资源管理、企业基础设施四种辅助活动）的特定联结方式，不同企业之间价值链的差异形成企业竞争优势的源泉，所有这些活动都可以用价值链表示出来[②]。

产业链与价值链实质上是同一个链条的两个侧面。价值链是产业链的价值形式，强调的是产品在产业化链条中的价值增值是价值的分割和利益的均沾，激励经营组织和管理环节的主体互相结合，增加产品的价值，而产业链强调生产持续的物质过程或物质过程的延续性和先后衔接、配套[③]。

### （三）农业产业链和农业价值链融资

“农业产业链”一词是1996年傅国华在研究海南热带农业发展问题时，在《运转农产品产业链，提高农业系统效益》一文中最早使用的，“运转农业产业链就是立足资源优势，依托市场对资源和农产品的配置，转动农产品产—加—运—销产业链”[④]。农业产业链是一

---

① 艾伯特·赫希曼：《经济发展战略》，经济科学出版社1991年版，第88页。

② 迈克尔·波特：《竞争优势》，中国财政经济出版社1988年版，第34—48页。

③ 黄卫红：《“共生型”农产品价值链构建与农业产业化经营的内在关系研究——广东燕塘乳业有限公司经营模式探讨》，《农村经济》2007年第12期。

④ 傅国华：《运转农产品产业链，提高农业系统效益》，《中国农垦经济》1996年第11期。

条复合链，内含价值链、物流链和信息链，其中价值链是农业产业链的价值属性的反应，与农业产业链的价值实现直接相关。

农业价值链由众多的价值环节构成，是产业价值链中的特殊一类。处于农业价值链上的各个主体进行着原材料生产、加工、深加工、营销、消费、最后循环利用等各种增值活动。农业价值链众多的价值环节中，各环节的增值能力不同，具有高附加值的环节是农业价值链的战略环节，是农业价值链中获得利润的主要环节；而辅助性的环节增值能力较弱，却是农业价值链稳定发展不可缺少的部分。

农业产业链的整合与优化的基础是对农业产业链条进行价值链分析①。农业产业链的价值形态就是农业产业价值链，农业产业的价值链分析就是针对农产品从生产到销售的各个环节进行的增值分析。这些环节主要包括：农产品生产资料价值增值的环节、农产品加工过程的价值增值环节和农产品销售过程的价值增值环节等。

农业价值链融资是指农业产业链上的不同主体，包括农产品的生产者、供应商、农产品的加工商、运输和购买商等，资金在他们构成的关系链上流动的过程。农业价值链融资包括两个层次：一是价值链内部融资，指价值链上主体之间贸易信贷形式的资金流；二是价值链外部融资，指外部金融机构向价值链上某些主体提供金融服务而注入的资金流②。农业价值链内部融资是直接从价值链内部某一个参与者流向另一个内部参与者，农业价值链外部融资是基于价值链的借款关系和活动的外部某金融机构或投资者流向某内部参与者。

## 二　农业产业化融资的理论基础

农村金融理论经历了历史的演变过程，农村金融理论主要包括农业信贷补贴理论、农村金融市场理论、农村金融不完全竞争市场理论

---

① 李杰义：《农业产业链视角下的区域农业发展研究》，同济大学，2008。

② 潘纬：《订单农业贷款运作模式及其功能拓展研究——以安徽省霍邱柳编订单农业贷款为案例》，《金融纵横》2013 年第 8 期。

和农业价值链融资理论。这四种农村金融理论在农村金融市场、政府干预、农业产业化等方面提出了各自的理论观念，并分别在某一阶段占据着重要的理论地位。

### （一）农业信贷补贴理论

农业的发展离不开农业信贷，通过信贷补贴计划将贫困农户纳入发展轨道、增加低息信贷促进农业发展应该是理想的农村金融发展道路。这种观点的起源可追溯到19世纪，其中包括英国对于印度农村深重债务的反应及西班牙利用信贷将菲律宾的烟草发展成为出口作物等[①]。为了解决农户的生产资金不足和免受高利贷盘剥之苦，印度政府于1904年就颁布了第一个合作贷款法案，提倡组织信贷合作社，提供信贷服务。在第二次世界大战后，这种农业补贴信贷理论已成为农村金融理论界占主导地位的学说。那时凯恩斯的经济思想为政府干预经济提供了理论基础。而1966年休·T. 帕特里克在一篇研究“供给超前”融资优点和潜力的论文中提出“在需求产生之前建立金融机构供给资金，以此作为刺激投资和经济发展的手段”，这一观点为政府干预农村金融体系促进经济发展提供了理论依据。20世纪50年代初，美国国际开发署开始了一系列的农业信贷计划，60年代进一步扩大。70年代世界银行也开始为此大量增加外援资源。这些援助使实施信贷计划机构的可贷资金迅速扩大。

农业信贷补贴论理论的研究和应用是建立在一定的假设基础之上的，该假设为：农村居民，尤其是贫困农户，长期面临自身资金不足的问题；同时，由于农业产业化投资周期长、收益低且不稳定的自身因素限制，使得农村居民，尤其是贫困农户不可能成为以获得利润为目标的商业银行的融资对象。该理论认为，要提高农业生产效率，缓解农村地区的贫困状况，需要必要的政策性资金的注入和外部资金的推动，并通过建立非营利性的金融机构来进行资金的配置，建立以贫

① J. D. 冯匹斯克等编著：《发展中经济的农村金融》，中国金融出版社1990年版，第3页。

困阶层为目标的专项贷款①。因此得出的结论是：

1. 为增加农业生产和缓解农村贫困，有必要从农村外部注入政策性资金，并建立非营利性的专门金融机构来进行资金分配。

2. 为缩小农业与其他产业之间的结构性收入差距，对农业的融资利率必须较其他产业为低。

3. 地主和商人发放的高利贷及一般以高利为特征的非正式金融使得农户更加穷困并阻碍了农业生产的发展，政府把大量低息的、以贫困阶层为目标的专项补贴性贷款通过银行的农村分支和农业信用合作组织注入农村以将高利贷者逐出市场（张元红等，2002；周天芸，2004）。

然而，该理论存在着较大的缺陷，主要表现在：首先，该理论的假设条件与现实偏离较大，使许多国家在依据该理论实施金融政策时不可避免地陷入了困境；其次，农业信贷补贴理论的实施使农民可以获得廉价的预期资金，从而农民的储蓄动力减弱，使农村的金融机构难以从农户获得良性的、可持续的资金来源，从而使该理论政策的实施变为了纯粹的财政转移支付；再次，由于有政府的支持，农村金融机构获得营利性机构的资金来源较少，甚至可能没有该类资金来源，同时有效监管机制的缺失容易造成故意拖欠贷款的借款人存在；最后，农业信贷补贴政策的低利率有最高的上限，使为小农户提供贷款的金融机构没有足够的利润来弥补其较高的贷款交易成本，从而挫伤其为贫困农民贷款的积极性，官方的信贷分配将趋于照顾大农场主（或富裕的农户），这就与主要受益人是农村贫困人口的低利率贷款政策背道而驰，最终将导致富裕的农民使用大额贷款的低利率贷款补贴政策。

### （二）农村金融市场理论

20 世纪 80 年代，农村金融市场理论在肖和麦金农的金融深化和

① 顾芳睿、丁振阔：《农村金融理论演化研究》，《芜湖职业技术学院学报》2013 年第 1 期。

金融抑制理论的基础上被提出，并逐渐替代了农业信贷补贴理论在农村金融理论中的主导地位。

农村金融市场理论的前提假设与农业补贴理论的前提假设完全相反，其前提条件是：首先，贫困地区的农村居民在可以获得正利息率的情况下有储蓄能力；其次，对外部资金的过度依赖性是贷款难以回收的一个重要原因；再次，低利率政策阻碍了金融机构获得存款，从而抑制了金融业的发展；最后，由于农村融资的机会成本大，许多资金的获得是来自于非金融机构的高利率借贷。

农村金融市场理论强调完全依靠市场机制，强烈反对政府干预金融市场，尤其强调以市场为导向的利率。该理论认为，农村金融资金的缺乏并不是因为农民没有储蓄能力，而是农村金融体系中不合理的政策措施和制度安排，如利率控制、政府管制等，因此，农村金融市场理论强调，要充分发挥金融市场的作用，减少政府的干预①，实现利率市场化和农村资金供求的平衡，以及取消转向特定目的贷款制度，适当发展非正规金融市场等。

但是，由于过分强调市场功能，该理论的功效也遭到了质疑。该理论的缺陷主要表现在：通过利率市场化能否使农村贫困地区的小农户获得正规金融机构的贷款成为疑问。利率自由化可能减少对信贷的总体需求，同时获得资金的高成本和担保品的缺乏使小农户不能获得其所需要的全部资金，这种情况下还需要政府的介入以保证小农户的利益。

农村金融市场论是在对农业补贴信贷论批判的基础上产生的，强调市场机制的作用，极力反对政策性金融扭曲农村市场，在20世纪80年代受到了人们的广泛接受，至今还是农村金融理论的主流。

### （三）农村金融不完全竞争市场理论

不完全竞争市场理论是在20世纪90年代以后才被引用到农村金融理论分析当中的。不完全竞争农村金融市场理论认为发展中国家的

① 曹协和：《农村金融理论发展主要阶段评述》，《南方金融》2008年第12期。

农村金融市场是一个不完全竞争的市场，这种不完全竞争体现在信息不对称上，尤其是在借、贷款双方之间，贷款人不能完全掌握借款人的信息。为弥补市场的有效性，有必要采用非市场因素，如采用政府适当干预农村金融市场和借、贷款人组织。

这一理论的政策性建议是：（1）金融市场发展的前提条件是低通货膨胀率等宏观经济的稳定。（2）在金融市场得到一定程度的发育之前，比起利率的自由化来，更应当注意用政策手段将实际存款利率保持在正常范围内，并同时抑制利率的增长（存款和贷款利率）。对于因此而产生的信用分配和信用需求过度问题，在不损害金融机构储蓄动员动机的同时，可由政府从外部供给资金。（3）为促进金融机构的发展，应给予其一定的特殊政策，如限制新参与者等保护措施。（4）在不损害银行最基本利润的范围内，政策性金融（面向特定部门的低息融资）是有效的。（5）为确保贷款的回收，融资与实物买卖（肥料、作物等）相结合的方法是有效的。（6）为改善信息的非对称性，利用担保融资、使用权担保以及互助储金会等办法是有效的。（7）为避免农村金融市场存在不完全信息而导致的贷款回收率低下问题，可以利用借款人联保以及组织借款人互助合作形式。政府应该鼓励这种农户组织的形成。（8）非正规金融市场一般效率较低，可以通过政府的适当介入来加以改善。

然而，在农村金融不完全竞争市场理论中政府的干预作用与农业信贷补贴理论中政府的作用有所不同，在不完全竞争金融市场理论中政府的作用主要表现在：（1）创造一个稳定的宏观环境；（2）在保证金融机构基本利润的前提下，向特定部门提供低息资金支持等政策性融资；（3）鼓励借贷融资与实物买卖相结合，确保贷款的收回效率；（4）利用担保融资、使用权设定担保等办法来改善借贷双方的信息不对称。

不完全竞争市场论从信息和激励的角度抓住了解决农村经济金融问题的两个基本点：一是政府应创造条件使决策者掌握信息，或让有信息能力的行为人成为决策者；二是政府可利用自身掌握和拥有的信息能力，为农村金融中介机构创造持久有效经营的激励机制。政府的职责不是直接保护和担保，而是促进农村金融体系市场约束机制发挥作用，积极促进信息的传播，增加农村金融市场上可供信息的公开化，并充分发挥掌握内部信息的农村金融机构和民间组织的优势。

不完全竞争市场论是一种动态的政策制度，应随着农村经济的发展并向更具有竞争性的农村金融市场迈进而进行调整。它不是自由放任和政府干预之间静态的政策权衡，而是考虑了农村金融市场发展的合理顺序。

在不完全竞争市场论政策框架下，政府的作用既不是“亲善市场论”所强调的政府职能促进市场建设，不应干预农村金融经济；也不是“国家推动发展论”所要求的政府为了弥补市场失灵，必须始终强力干预农村金融经济；而应是“市场增进论”的观点，即政府的职能是促进农村各行业部门的协调功能，发挥政府进行选择性控制的补充性功能，避免产生不利于社会大众得到的危害①。

尽管农村金融不完全竞争市场理论在实际运用中更贴近现实情况，但是政府对于市场来说，善于运用为众人所共识的全局知识，但不善于运用分散在不同时间和地点的局部知识，因此，对于发展中经济和转轨经济适宜走“不完全竞争市场论”的农村金融发展道路，运用较多的政府干预来解决农村金融市场的信息不对称问题的效率并不高。

### （四）农业价值链融资理论

自 1985 年迈克尔·波特提出了价值链理论以来，价值链分析法逐渐成为寻求企业竞争优势的工具而被广泛应用于企业管理和市场分析中。近年来，价值链分析法被应用于对农村金融的供给与需求分析，提出了农村金融的价值链融资理论。该理论认为，农业价值链是一个伴随着农业产业链各个环节价值增值过程的链条，对该产业链的各个环节进行融资不仅可以提升农业产业链的价值，而且有利于提升

① 温伟胜编著：《WTO 与农村金融改革》，中山大学出版社 2003 年版，第 19—20、21—25 页。

农村金融机构的价值。农业价值链每一个环节的价值提升都离不开金融的支持。应从农业价值链各价值活动的资金需求者和金融供给者两个方面综合考虑农村金融的供给和需求。以价值链为中心，把农业融资体现在农业价值链的各个环节和不同参与者上来，针对价值链各价值活动参与者不同的融资需求提供与之相适应的金融供给。

农业价值链融资在融资主体、信用等级评价等方面与传统的农业融资模式相比存在较大差异。在农业价值链融资模式中，融资主体包含农业价值链上的各个环节的资金需求者；信用等级评价也从只看单个融资主体转向将整个农业价值链视为评价主体，各融资主体的信用评价不但要看自身的信用情况，还要看整个农业价值链及其价值链上其他关联主体的信用情况。信用评级对象从单个融资主体扩大到了对整个农业价值链的信用评级，利用农业价值链中龙头企业或核心企业的优良的信用条件及农业价值链各环节融资主体的互联交易的相互制约关系，对价值链中信用等级较低的中小加工企业或贫困农户进行信用增级，并为其提供相应的资金支持，从而有效地增强农业价值链的整体融资能力。这种信用等级评价巧妙地利用了农业价值链中的内部担保机制，降低了农业融资风险。

从国外实践情况看，农业价值链融资既给银行等金融机构带来了新的盈利模式和降低信贷风险的方法，也给农业价值链各环节主体拓宽了融资渠道，极大地促进了农业产业化经营的发展。经过多年的实践，美国、日本、荷兰等发达国家已形成了诸如“协会为主导式”“金融机构 + 工商、销售商 + 农场”等多种成熟的农业价值链融资模式，推动其国家农业和农村金融的发展①。农业价值链融资使价值链中的贸易融资发挥了作用，并拓宽了价值链各环节融资主体获得资金支持的渠道。

在我国现阶段特有的国情下，全国农村金融存在着供需上的矛盾，都是供不应求的情况。虽然我国现在农村金融机构即信用社在不断建立，但是仍然有大量的单个农户、农村中小企业无法得到农村金

① 周晓强：《以供应链金融助推农业产业化发展》，《中国金融》2012 年第 15 期。

融的支持，造成这一状况的原因是多方面的，归纳起来主要有两点：一是固有的特征造成的。农村金融市场普遍都存在着信息不对称的情况，还有就是信贷需求者缺乏应有的抵押和担保，农户大多没有金融机构要求的抵押品，这一点就大大不同于城镇的金融需求者，因此就不能满足金融机构的安全信贷条件。二是农村金融机构在产品创新和技术创新方面相对于城镇金融机构表现得比较滞后，所以在面对农村金融市场特有的特征时就常常显得束手无策。农业价值链融资理论针对以上两点原因，就农村金融机构的不足，为扩展和完善农村金融服务提供了新的方法，这一理论是把农村经济的一系列活动看成是一条价值链上的一个整体，重视对每个价值链环节的价值判断，从整体的角度审视农村金融机构放贷服务的价值。按照这种理论农业价值链是一种非常有价值的产业链条，而对该链条的金融支持不仅可以提升农业价值链的增值能力，而且也能有效地促进农村金融机构发展壮大。农牧产品从最初的生产到最终的消费所经过的每一个价值链环节都增加了农产品的附加价值，要想实现这样的价值增值，农业价值链的每一个环节都需要农村金融机构甚至是城镇金融机构的支持①。

价值链融资的过程缓解了广大农民对于资金的需求，为他们提供了一个相对比较方便的金融服务平台，这是现阶段我国大部分农村地区金融机构所不能满足的一个方面，出现了农业价值链融资正好弥补了农村金融服务的缺陷，为农业价值链上各个环节的有效运行提供了保证②。农业价值链融资对农业产业化的推动作用主要表现在以下几个方面：

一是缓解了中小企业和农户的融资难题。农业中小加工企业和农户融资难的问题一直以来备受关注。农业价值链融资拓宽了农业中小加工企业的融资渠道，缓解了农业价值链中中小加工企业的融资难题。农业价值链融资模式的发展为农村金融服务创新提供了新思路。

---

① 姚淑芬：《农业产业化龙头企业的价值链融资探讨——以温氏集团为例》，《重庆科技学院学报》（社会科学版）2011 年第 4 期。

② 同上。

二是促进农业产业化的发展。农业产业化是实现农业集约化、规模化、专业化经营的途径，农业产业化下农业运行模式变为：农资供应商—农户—农业合作社—加工企业—流通企业—市场。农业价值链融资中，信用评级对象从单个融资主体扩大到了对整个农业价值链的信用评级，利用农业价值链中龙头企业或核心企业的优良的信用条件及农业价值链各环节融资主体的互联交易的相互制约关系，对价值链中信用等级较低的中小加工企业或贫困农户进行信用增级，并为其提供相应的资金支持，从而有效地增强农业价值链的整体融资能力。

# 第三章

# 我国农业产业化经营金融支持基本情况

经过20多年的探索和实践，农业产业化已经成为我国农业和农村经济发展的有效形式，是继农村家庭联产承包责任制、乡镇企业大发展后的又一次大规模改革，是实现全面小康水平的必然选择。随着农村经济发展，农业产业化组织成为农业生产的重要主体。各类产业化组织带动全国40%以上的农户从事农产品生产，基地规模占农业生产总规模的60%以上。农业产业化成为农户经营的主要方式，逐步摆脱了小农的孤立经营，广泛形成了“公司+农户”“公司+合作组织+农户”等产业化经营形式，目前农业产业化组织形式从数量、龙头企业及对农户的带动作用等方面均为开展供应链信贷创造了前提条件。当前，我国农业产业化组织已达28万个，带动农户1.1亿户，各类龙头企业11万家，销售收入突破5.7万亿元，农业产业化粗具规模。“十二五”规划把加快实现经济发展方式的转型作为经济工作的主线。

目前，农业产业化经营完成了从点块突破到整体推进的转变，农村金融围绕农业产业化各个环节的融资和服务需求，不断创新服务模式，促进支柱产业推动龙头企业、合作经济组织以及龙头企业、合作经济组织带动农户的产业链形成，激活农村大市场，实现农村经济发展和金融成长“双赢”。

虽然我国农业产业化经营取得了较大进步，但是与农业发达国家相比还有较大差距。在我国农业产业化经营发展过程中，融资难和用地紧张成为我国农业产业化经营发展过程中的两大制约因素，其中农业产业化经营金融支持力度不足是普遍存在的问题，因此，解决好这一问题将对推进农业产业化经营的发展起到极大的推动作用。

本章主要对现阶段我国农业产业化经营金融支持的现状、存在的问题以及农业产业化经营的融资模式进行分析，找出我国农业产业升级过程中金融支持的制约因素。

## 一　当前我国农业产业化经营金融支持现状

农业产业化要长期全面发展，产业循环链条上的各个环节都需要金融支持。从目前来看，农业产业化金融支持的内容主要包括：支持农村基础设施和基础建设、支持市场体系建设、支持龙头企业发展、支持专业农户、农业生产基地建设、支持农业科技的创新、推广和运用、支持信用担保和农业保险机构的建立、支持农村合作经济组织的建设。农业产业化对金融需求呈现出多样性特征，龙头企业或产业化集团生产规模往往覆盖整个区域，贷款需求规模增大，资金结算需求增加，对金融服务的综合化需求越来越多，部分发展前景较好、实力较强的龙头企业或公司，到资本市场进行直接融资，发行股票、企业债券[①]。金融机构组织体系日益完善，新型农村金融机构蓬勃发展起来，金融机构围绕“三农”新情况、新趋势，不断加大产品创新力度，在信贷支农的同时，不断加大直接融资支持力度，农业产业化的金融服务水平得到较大提升。

### （一）金融支持供给现状

我国农业产业化经营的金融支持的供给来源主要有银行类金融机构和非银行金融机构。

1. 银行类金融机构的金融支持

从国际经验来看，支持农业产业化需要政策性金融、商业性金融和合作性金融的合力支持。大型商业银行在技术、资金和风险管理等方面具有强大的优势，成为支持农业产业化发展的重要力量。紧紧围

① 吕忠伟：《我国金融支持农业产业化发展的历史经验与启示》，《调研世界》2014年第6期。

绕农业产业化发展的金融需求，银行类金融机构充分发挥现代科技和管理创新的成果，打破广布银行物理网点的传统思维，加快创新新型金融服务渠道和方式，努力构建金融服务农业产业化多层次、广覆盖、多样化的立体式服务渠道网络体系。

中国农业发展银行是我国唯一的农业政策性银行，主要负责实施中央银行的农业金融，特别是协助收购粮食、棉花、食用油等。2004年9月，农业发展银行开始开办农业产业化龙头企业贷款和加工企业贷款业务，2006年4月在规范农业产业化龙头企业使用流转收购贷款、加强贷后监管等方面进行相关规定，进一步将贷款业务对象范围扩大到农、林、副、渔业整个农业领域，贷款品种也由原来单纯的以收购贷款为主的准政策性贷款业务逐渐扩大到产业化龙头企业流动资金贷款、产业化龙头企业项目贷款等商业贷款业务领域①。中国农业发展银行贷款余额逐渐增加，从2004年的7.19亿元增加到2013年的25027亿元，不良贷款率逐年降低，从2004年的18.8%降到2013年的0.7%。(见图3-1、图3-2)

以服务“三农”为已任的中国农业银行是支持农业产业化方面的骨干力量，但农行服务农村金融的政策和方式也有过徘徊和反复。20世纪80年代中期到90年代初期，农业银行用于支持农产品收购和乡镇企业发展的农业贷款占农业银行贷款总额的60%；1998年以后，农业银行按照国家要求推进商业化改革，将追求自身利益最大化作为发展目标，出于风险控制和资产安全性的考虑，在信贷资金投入上趋于择优性和趋利性，在农村的网点数量急剧缩减，使中国农业银行对农业产业化经营的金融支持作用日益减弱，服务农业产业化的功能淡化。为破解“三农”发展中存在的金融瓶颈，农业银行从20世纪90年代中期开始制定了支持农业产业化经营重点龙头企业和做好农业产业化信贷工作等文件，明确了支持标准和相关配套政策，针对农业产业化龙头企业季节性收购资金短缺的突出问题，推出企业季节性收购

① 吕忠伟:《我国金融支持农业产业化发展的历史经验与启示》,《调研世界》2014年第6期。

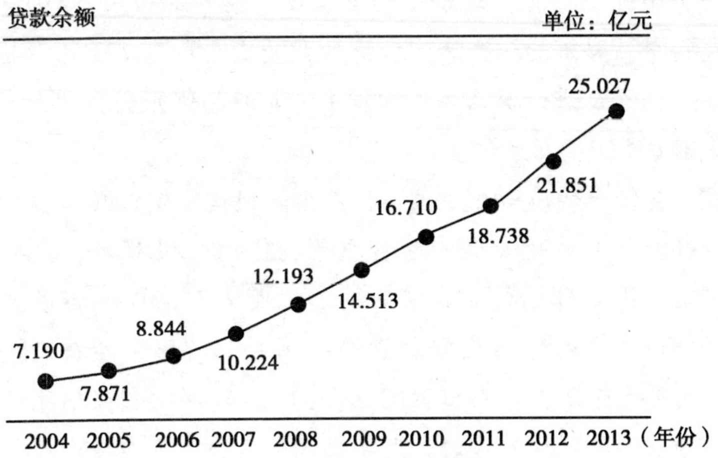


**图 3－1　中国农业发展银行贷款余额**

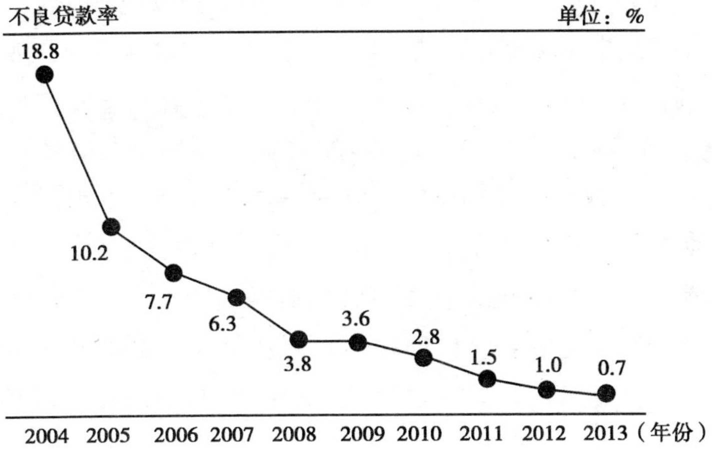


**图 3－2　中国农业发展银行不良贷款率**

贷款，帮助企业解决季节性收购资金难的问题，还为龙头企业提供现金管理平台、代发短期融资券、常年财务顾问等各种先进的综合理财服务。截至 2012 年年末，农业银行国家级龙头企业客户服务覆盖率达到 73%，省级龙头企业客户服务覆盖率达到 52%，为超过 8000 家省级以下中小龙头企业提供支持，逐步缓解了农业产业发展资金需求的压力，服务“三农”取得了初步成效。截至2012年12月末，农业银行进行贷款融资的国家级农业产业化龙头企业有773家，贷款余额达到573亿元；进行贷款融资的省级农业产业化龙头企业有3175家，贷款余额达560亿元。

农村合作金融机构在我国银行业金融机构中资产总额占比虽然不高，但在农业产业化发展中起着重要的作用。2010年，农村合作金融机构资产占全部银行业金融机构的比例为11.3%，各项贷款余额占全部银行业金融机构贷款余额的比例为11.1%，涉农贷款余额占全部银行业金融机构涉农贷款的比例为32.9%①。农村信用合作社作为农村合作金融机构的代表，近年来逐渐成为支持农业产业化经营的主要金融机构。每年出台的扶持农业产业化发展的政策中，都提出要以支持产业化龙头企业作为重点信贷支农目标，农村信用社更要以扶持龙头企业为重点。由于不同地区有着不同的资源优势，农村信用社要立足于当地资源优势和区域特色，大力培植区域性主导产业。以河北省为例，截止到2012年年末河北省农村信用社全省农信社涉农贷款余额3549.4亿元，比年初增加484.2亿元，增长15.8%；涉农贷款占比达86.97%，高于全部贷款增速3.1个百分点；小微企业贷款余额2323.4亿元，比年初增加473.1亿元，增长25.6%，高于全部贷款增速12.8个百分点。扶贫开发贷款余额285.1亿元，比年初增加63.4亿元②。随着农村信用社的发展壮大，其支农实力也逐渐增强，为了充分发挥农信社支农主力军作用，农村信用社就必须按照科学发展观的要求，立足区域，突出特色，优化信贷资金投向，积极支持城乡统筹发展，力促农村产业结构优化升级，大力推进农业产业化发展。

虽然农村信用社为农村产业结构调整和地方经济发展做出了一定贡献，但是在支持农业产业化中还存在以下问题：一是农村资金需求与支农资金矛盾突出。由于受地域经济、结算渠道等因素影响，农信

① 根据2011年和讯网公布数据整理得到。

② 数据摘自河北省农村信用联社官方网站。

社资金组织工作艰难，随着农业银行重返农村，邮储及村镇银行的建立，农村存款市场竞争加大，而对农业资金的支持几乎由农村信用社一家承担，不能满足农业产业化发展对资金的需求。二是农村金融生态环境欠佳，社会信誉观念淡薄，骗贷、赖债现象严重。农业产业化支持项目不易把握，在项目可行性分析上难度极大，稍有不慎便会造成信贷决策失误，进而导致有限的信贷资源不能发挥其应有的效果。三是小额信用贷款难以“撬动”农业产业化发展。目前农村信用社贷款发放以小额信用贷款为主，但想投资十万元以上搞规模较大的产业化经营的，借款比较难，信用社大额贷款需要有效抵押，而农民的一般房屋、动产设备不能作抵押，形成了贷款“两难”。四是农业产业化水平低，产业化龙头企业发展欠缺。县域龙头企业少，管理水平低，辐射带动能力弱，且效益欠佳，经营困难，无法真正形成“产业带龙头、龙头带基地、基地带农户”的产业化格局。

由于农村信用合作社具有较强的垄断性，其主要倾向于风险小、营利性好的企业贷款，无法为农业产业化经营的各融资需求主体提供其所需的金融服务。除此之外，作为支持农业产业化经营的主要金融机构，农村信用合作社的资金来源渠道狭窄，资本充足率较低，抗风险能力弱等自身的限制难以满足农业产业化经营发展过程中的资金需求。

2. 资本市场的金融支持

近年来国家级龙头企业为国内上市公司或关联企业数量达到110多家，上市地点也由中国内地、中国香港、新加坡向美国、英国等其他上市地扩展，除传统的间接融资和直接IPO融资外，信托计划、短期融资券、中期票据等直接融资方式也进入农业产业化领域。2013年年底，我国农业类上市公司一共有40家，占全部上市公司2581家的比例不足2%。其中，农业上市公司为13家、林业上市公司为5家、畜牧业为11家、渔业为10家、农林牧渔服务业为1家①。但是，

① 朱厚任：《我国农业上市公司财务报表分析——以益生股份为例》，《理论建设》2014年第2期。

我国农业上市公司资本模式偏小，平均收益低于“非农”类上市公司，债务结构不合理，负债能力偏低，直接融资支持农业产业化发展力度仍待进一步增强。

2004年以来，农产品期货品种得到进一步丰富，交易日益活跃，初步形成较为完善的农产品期货品种体系，有关部门开始探索农产品期货服务“三农”的运作模式，着重引导和鼓励广大农民及涉农企业利用期货市场，涌现出了“延津模式”“四平模式”和“银丰模式”等典型案例。期货市场服务农业产业化主要是积极创新服务模式，创新订单模式，推出了“公司+农户+专业合作组织、期货+订单”“农户+专业合作组织、期货+订单”以及“公司+农户、期货+订单”的粮食经营新模式，探索建立一种农民和企业双赢的市场机制，解决了农户小生产和大市场之间的难题，使分散的农户间接利用期货市场保值，推动农民和企业之间建立风险共担、利益共享的经济关系。①

3. 农业保险支持农业产业化

2004年以来，农业保险受到政府和社会的广泛关注。中国保险会在上海、黑龙江、吉林等9个省区市启动了农业保险试点工作，持续加大农业政策性保险试点工作的力度，逐步扩大试点范围，探索农业保险发展的不同模式，制定政策鼓励商业性保险公司参与农业保险事业。目前，开办的涉及农业的险种已增加到14个，并覆盖了所有粮食主产区。为支持地方支柱农业和特色农业发展，在地方政府的支持下，保险业开发出食用菌、水产养殖、林果、肉鹅、生姜等保险产品。在相关政策引导和鼓励下，保险机构参与农业保险的积极性不断提高。2007年以来，农村保险市场在政策扶持和鼓励下得到激活，发展潜力不断被释放，对农业产业化的支持不断加深。截至2012年年末，农业保险保费收入240.6亿元，同比增长38.3%，为1.83亿户次提供了9006亿元风险保障，向2818万受灾农户支付赔款148.2

---

① 吕忠伟：《我国金融支持农业产业化发展的历史经验与启示》，《调研世界》2014年第6期。

亿元，保险业服务农业产业化及农村经济的能力不断提高。

综上所述，从形式和实际功能上看，我国农业产业化经营金融支持主要是以银行类金融机构为基础。然而，现有金融机构追求商业化利润，涉农资金供应范围较为局限，无法为农业产业化经营各融资主体提供灵活及多元化的金融支持。中国农业银行的金融支持作用有限，扶植力度不够；以中国农业银行为代表的商业银行，随着商业化改革，在追求自身利益最大化的同时逐步缩减农村业务；以农村信用社为代表的农村合作金融机构尽管实力薄弱，但仍充当金融支持主力军的作用，然而，由于农村合作金融机构自身的局限性，难以满足为农业产业化经营全国农村信用合作机构的通兑通存和实时兑付等功能；非正规金融机构又基本处于地下或半地下状态，难以规范。因此，从总体上看，农业产业化经营的金融支持供给基本上处于抑制状态。

### （二）金融支持需求现状

由于我国农业产业化经营发展呈现出多样性的特点，我国农业产业化经营的金融支持需求也呈现出多元化、多层次、多样性的特点。从农业产业化经营各融资主体的经济成分看，有国有企业、集体企业、股份制企业、个体经济、小农经济等成分；从生产方式看，既有现代化工业生产，现代化农业生产，机械或半机械的生产企业或作坊，又有农户耕种等最原始的劳动生产方式。我国农业产业化经营中的融资主体对金融支持的需求既具有分散性又具有竞争性。并且我国农业产业化经营主体的这种不平衡性、多样性、竞争性等特点在短期内是不会改变的，这就决定了我国农业产业化经营的不同层次的金融服务需求。

1. 农业转型及其对农业生产资金需求的影响

在经济新常态和农业全球一体化的大背景下，中国农业正在经历一种新的转型。2014 年中央经济工作会议提出："要坚定不移加快转变农业发展方式，尽快转到数量质量效益并重、注重提高竞争力、注重农业技术创新、注重可持续的集约发展上来，走产出高效、产品安全、资源节约、环境友好的现代农业发展道路。”现阶段，我国农业需要由资源依赖型向技术密集型的转变、由自给自足型向市场导向型转变、单一农户向合作组织形态的转变、由传统农业向现代化农业转变，农业生产更加注重数量和质量、效益并重，更加注重技术创新和可持续的集约化发展。

随着农业经济结构调整步伐的加快和经营方式的转变，农业金融服务需求不仅在总量上大幅度增加，而且在结构上出现了全面性、多样性、便捷性和创新性的新要求①。农业产业化龙头企业、农民专业合作组织、大规模种植体等新型农业生产主体增多，随之产生的粮食收购、大型农机具、农田水利设施等集约化、项目型贷款需求旺盛。在期货农业、订单农业、科技农业等新型农业生产方式增多的情况下，农贷资金需求逐渐向规模化和产业化方向倾斜，额度也随之增大。由传统的第一产业向以第一、第二和第三产业为一体的全产业链生产组织方式转变过程中，金融需求呈现链条化。

然而，从金融供给者的角度看，当面对大量贫穷、交易量小、风险大、收成不确定的农户时，金融机构不愿意提供贷款。在信息及合同执行机制缺乏时，情况更是如此（USAID，2006）。从金融需求者的角度来讲，资金交易成本高，由于缺乏市场机会而使偿还能力较低，又缺乏向农村金融机构证明自己信誉的能力，这些问题限制了农业产业化的金融需求②。

2. 新农村建设对金融的需求

在新农村建设中，农村基础设施需要得到大的发展，农业科技水平需要得到进一步提升，农业生态环境建设需要得到进一步好转，国家对基础设施建设投入的重点将转向农村，对政策性金融的需求大幅度增加③。目前新农村建设不仅需要大量的短期贷款，而且基础性的

---

① 王迅：《现代农业转型发展中的金融支持》，《中国金融》2012 年第 17 期。

② 宋雅楠等：《农业产业链成长与供应链金融服务创新：机理和案例》，《农村金融研究》2012 年第 3 期。

③ 冯涛：《构建新型农村金融服务体系的国际借鉴与策略选择》，《全国商情：经济理论研究》2010 年第 9 期。

建设，如农业综合开发、农田改造、林网建设、节水工程等，对中长期资金的需求将不断增加。

随着农村经济的快速发展以及农业产业化的推进，除了要实行相应的农业产业化等战略，还必须打通农村的流通体系，推动城市商业网点向农村延伸，从而拉近农民与市场的距离，提升其消费能力，需要得到金融支持的主体越来越多。一些乡镇企业正处在加快发展的关键时期，用于资产重组、资本运营、扩大收购以及提高深度加工的投资需求大量增加，迫切需要金融部门的信贷支持和理财服务 。农产品批发、各类协会等新型合作经济组织和个体运销大户等，也成为重要的流通力量，它们对金融服务的需求也日益迫切。因此，建设社会主义新农村不能没有金融的支持。

3. 农业产业化基地建设对金融的需求

建设立体、高效、集约的工厂化设施农业，应是农业转型的关键着力点。我国的农业由传统的一家一户的粗放农业转向规模较大的集约式农业，需要建立规模大、专业化强、生产效率高、产品质量好的农产品生产基地。农业生产基地的建立是一个规模宏大的工程，需要与之匹配的大量资金的投入。而目前，我国金融机构和财政对农业产业化基地建设的资金供给不足。

4. 农业产业化的高新技术发展对金融的需求

随着我国经济的发展和城乡居民生活水平的提高，市场对农产品的需要已从数量型转向数量与质量并重型，对农产品质量要求越来越高。农业产业化发展过程中，高新技术是改变传统农业的原动力，农业科技创新在提高农产品质量、提高劳动生产率、引导农业结构调整、提高劳动者素质、促进农业生态环境改善方面起着关键性的作用①。据有关数据显示 我国的农业科技投入仅占农业总产值的0.3%—0.4%，科技创新对国民生产总值增长的贡献份额为35%，低于发展中国家 50% 的平均水平。科技发展资金的缺乏将直接降低农业产业化的农产品质量，不利于我国农业的长远发展，不适应我国

① 董文璞：《农业产业化中的资金供需矛盾》，《河南农业》2009 年第 1 期。

农业产业化发展的要求。

5. 龙头企业对金融的需求

龙头企业的市场开拓、技术创新、农产品的生产、储运等均面临着巨大的资金需求。我国现阶段金融机构对农业产业化中龙头企业的资金供给较弱，远远达不到龙头企业的发展要求，并且贷款额每况愈下。当前的农村金融机构难以满足发展规模经营和长期投资的需求。

6. 农民对金融的需求

目前农村消费贷款及综合金融服务需求强烈，主要包括农民消费、销售农产品的非现金结算业务，实现农民存款保值增值的理财服务，以及代理收缴家庭水电费、闭路电视费、电话费等的收费服务。在市场经济条件下，农业逐步市场化，农民向现代化农业、现代化农村、现代化农民转型。因此，农民对金融的需求越来越大。小额贷款对不发达地区农业家庭的收入稳定和增加有积极作用。而农村金融机构对农户的资金供给显然不足①。

## 二 我国农业产业化经营金融支持存在的问题

### （一）农业是“强位弱势”产业，抗风险能力弱

从农业发展国家战略来看，我国的“三农”政策从2004年开始已经连续十一年列为中央“一号文件”，足以证明农村经济发展的重要地位，但在突出“强位”的同时，支撑农业发展的环境、条件和政策却没有得到应有的体现和落实。长期处于“弱势”地位，具体表现在：

一是受制于农业自身发展的属性特征。农业是一个受自然灾害、市场行情等诸多因素影响且投入周期较长、回报率总体较低的弱势产业，而且我国农业传统上以小农经济、分散经营为主体，农业经济合作组织发展不健全、农业产业化龙头企业带动作用仍有待加强；农业产业中的

① 何卢杨：《农业产业化金融支持对策研究》，《工业技术经济》2008年第9期。

借款主体大多属于经济弱势群体，自身抵抗风险能力较弱，农业保险迟迟不能到位，上述因素决定了农业产业化融资十分困难。二是我国农业产业化经营尚处于发展的初级阶段。受体制机制、经济利益、地方政府重视程度和政策扶植力度等多种因素的影响，自身的发展存在诸多的缺陷，从而削弱了金融机构提供金融支持的积极性。农业产业化层次低、产品附加值低，多数农业产业化经营的企业规模不大，产业链条短，科技含量较低，没有完全形成“从农田到餐桌”的完整、高层次的产业链条，农产品主要以初级产品为主，抗风险能力较弱①。农业产业化经营组织化程度不高，服务水平低，农业土地经营规模小，不仅使农民难以走上专业化、规模化的现代农业的道路，获得规模效益，还有碍农业产业化经营的升级。三是扶持力度不够。国家在扶持农业产业的政策力度不足。在全球农业产业竞争中的应变能力及大宗商品定价权的争夺等方面也有待提升，农业的现代化、产业化缺少具备现代农业知识技能的新农民和农业科研投入。四是配套措施不完善。我国农村财富确权和流转体系缺位尤其是集体土地承包经营权流转市场的不健全，极大地限制了农业产业化、集约化的发展。此外，国家监管政策的多头管理也增加了农业产业发展的不可预料因素。

### （二）财政支农资金总量不足，结构不合理

近年来，国家不断扩大财政支农资金的规模，但增速缓慢，如表3-1所示。财政支农资金总量与农业产业化经营的实际的资金需求相差甚远，存在较大的资金缺口。

**表3-1　　财政支农资金情况**

| | 2010年 | 2011年 | 2012年 |
|---|---|---|---|
| 财政支农资金（亿元） | 89874.16 | 109247.79 | 125952.97 |
| 财政支出总额（亿元） | 8129.58 | 9937.55 | 11973.88 |

① 扬大蓉：《浙江省农业产业化融资实证分析及对策建议》，《改革与战略》2012年第1期。

续表

| | 2010 年 | 2011 年 | 2012 年 |
|---|---|---|---|
| 财政支农占财政支出总额的比例 | 9.05% | 9.1% | 9.5% |

资料来源：根据中国经济统计年鉴整理得到。

从财政支农结构上来看，财政支农资金主要来源于中央政府，地方政府对农业提供资金支持缺乏积极性。在财政支农资金中，资金投入大江大河治理和生态建设的资金所占比重较大，用于改善和推进农业产业化经营的资金投入比重较小。用于农业基础设施建设的财政支农资金主要局限在传统农业范围内，大部分财政支农资金投入到农业流通领域，而在农业科技研发、农业先进机械设备适用的推广、农业保险体系建设等方面投入不足。

## （三）资金供给方无法适应农业产业化经营的资金需求

### 1. 金融机构的支持不足

目前，农业产业化经营获得金融机构的支持主要来自政策性银行、商业银行和农村合作金融机构，但是无论是商业银行还是农村合作金融机构，其对农业产业化经营的提供的金融支持都不完善。商业银行和农村信用社为农业现代化建设提供的信贷支持不到位，阻碍了农业产业化经营的发展。一方面由于存在金融机构农村资金外流现象，导致农业产业化经营主体所获得的金融支持供给总量不足。金融机构在农村吸收的储蓄存款大多流向城市工业化和乡村城镇化建设中，而用于农业发展的资金在逐渐减少，在农村经济发展中形成了资金漏斗。另一方面，金融机构对于农户用于农业生产的贷款发放较少。我国金融机构中对于农业科技的研发和推广、农产品营销等方面的资金需求缺乏相应的金融创新①。现有的农业信贷环境制约了农村信贷服务的拓展，影响商业银行等金融机构对农业产业化经营的金融支持。

农业产业化的发展离不开大量资金的投入，然而能够承担整合多融

① 郭新明：《金融需要大力支持农业科技创新和现代农业发展》，《西部金融》2012 年第 1 期。

资方式、融资渠道、融资工具、为农业产业化发展提供一揽子融资和金融服务解决方案的金融机构十分匮乏，社会信用体系和农业保险体系也不完善。农业产业链上的融资需求由不同的金融机构提供，相互间难以形成投资共识与协同合作。农业产业链在融资渠道上的分割，影响资金衔接和整个农业产业化的运作效率。此外，农业信贷资金的结构不尽合理，导致信贷资金期限与农业产业化对于资金的使用周期要求不一致。

2. 缺乏完善的融资结构

融资结构难以适应农业产业化经营运作过程中的资金需求。在我国的农业产业化经营的融资渠道中，龙头企业主要获得商业银行提供的金融支持，而农户主要获得农村信用社提供的金融支持。在农业产业化经营中不同的融资主体所需资金由不同的金融服务机构提供，这就导致难以形成投资共识和协同合作。融资渠道的分割使整个农业价值链链条上的资金难以衔接形成良性的资金链条，从而影响整个价值链的运作效率。

农业信贷资金的贷款期限结构不合理。这主要表现在农业生产的季节性强、流动资金需求量大且占用时间长，并且农业生产受自然环境影响较大等自身特性的限制，使金融机构面临较大的信贷风险，金融机构为了控制风险，倾向于提供短期信贷资金，从而导致所持信贷资金的期限结构与农业产业化经营所需资金的使用要求不匹配。

证券市场和期货市场的作用不足。农业产业化经营需要全方位的金融服务，然而证券等业务明显缺乏较为完整的金融服务体系，资本市场对农业产业化的资金支持作用不足。农业企业不善于有效利用资本市场，又由于资本规模问题，进一步限制了农业企业对资本市场的利用。除证券市场之外，期货市场的功能作用表现也不足。作为农产品市场的重要组成部分，我国农产品期货市场还没有发挥其应有的作用，应积极推动期货市场发挥其引导种植结构调整、促进农产品现货市场标准化等作用的实现，并促使期货交易逐渐成为涉农企业规避市场风险的主要手段。

### （四）农业产业化经营融资配套措施缺失

1. 农业保险的保障水平偏低

农业产业化经营具有自身的弱质性，主要表现在易受自然环境影响。由于生态环境的恶化，增加了我国农业生产遭受自然灾害损害的频率，造成农业产业的经济损失越来越大①。然而我国农业保险的覆盖面较窄，覆盖率不高，管理机构不健全，并且缺乏有效的法律保障体系。我国发展缓慢的农业保险难以满足农业产业化经营发展的需求。

2. 农业产业化经营担保服务匮乏

农业产业化经营的整体构建需要大量的资金支持，但是我国农业担保服务等配套的融资服务还不完善，担保服务不到位。由于农业产业化经营企业缺乏有效的担保或抵押，难以获得正规金融机构的金融支持。尽管有些地区设立了农业产业化经营担保基金，但是担保基金数量有限，基金规模较小，功能有限。农业担保服务体系的缺失使农业产业化经营的风险无法得到有效化解，融资渠道不畅，限制资金流入农业产业化经营发展的积极性。

## 三 特色农业产业化金融支持——以河北省赞皇大枣产业为例

特色农业产业化是以效益为中心，以市场需求为导向，围绕“特色”进行农业生产或提供服务，以提高产业核心竞争力，从而形成具有一定规模优势、品牌优势和市场竞争优势的现代化农业。特色农业产业化的发展，离不开资金的大力支持，充足的资金支持对特色农业的发展至关重要。在此以河北省赞皇大枣产业为例，分析农业产业化金融支持存在的问题与思考。

### （一）河北省赞皇大枣产业及金融支持现状

河北省赞皇县被国家林业局命名为“中国赞皇大枣之乡”。全县大枣种植面积达到45万亩，占全县土地面积的四分之一。2004年5

---

① 陈萍：《自然灾害频发下新型农业保险体系构建的研究》，《湖南农业科学》2012年第6期。

月，赞皇成立了赞皇县大枣协会，主要职责是为枣农提供产、供、销服务，负责协调价格、培育引进新优品种、推广普及新技术、组织大枣深加工、打造品牌、搞好产品包装、实行产业化经营、发掘整理研究枣文化等。以荣康枣业合作社（于2006年改为石家庄荣康食品有限责任公司）为代表的专业合作组织，利用青枣加工蜜枣，积极申请QS9000标准认证，统一包装，统一生产标准，带动了蜜枣产业换代升级。通过不断地发展，赞皇涌现出了阳泽十万亩大枣科技示范园区、南壕科技示范区等精品工程，2010年，全县大枣产业总计年收入2.3亿元，人均增收1000元，占人均纯收入的三分之一，年增县财政收入1800多万元，占全县财政收入的22.6%，大枣业已逐步发展成为赞皇经济发展和农民增收的支柱产业，实现了生态、经济、社会效益的有机结合，形成了特色产品模式、示范农业模式和景观农业模式相结合的特色农业。

赞皇大枣产业的发展离不开金融的支持，为赞皇大枣产业提供金融支持的机构主要有：

1. 扶贫互助社和专业合作社

赞皇扶贫互助社由县民政局登记注册，县扶贫办管理，资金来源主要为省15万元的扶贫资金和不超过扶贫资金75%的村民互助金，互助金“不出村，不吸储”，每股500元，最多可入4股，不计息，社员使用资金实行互保、联保，最高可获5000元贷款，最长期限1年，资金使用费率5.92‰，按季付费，随贷随还[①]。

专业合作社由同一产业的经营者组成，并以其成员为主要服务对象，提供产供销一条龙的技术、信息等服务。例如，于2007年8月成立的赞皇县大河道大枣专业合作社，大河道专业合作社在工商部门注册登记，入社社员82户，辐射农户232户，入股资金179.6万元。专业合作社的社员入股最低500元，资金借用实行社员联保、互保，拆借资金额度从5万元到50万元不等，期限最长1年，资金使用费

① 河北省金融学会课题组：《河北省扶贫贷款模式运行情况调查与思考——基于河北省巨鹿、赞皇、易县模式的比较分析》，《河北金融》2011年第15期。

率8‰—17‰。

2. 农信社和邮政储蓄银行

农信社有点多面广的网络经营优势，是为赞皇县农业发展提供信贷资金的主体，农信社不仅为特色产业中的龙头企业提供信贷资金，还为农户推出了小额农户担保贷款、农户联保贷款。农信社结合农村各类经济组织、个体工商户融资特点，积极探索抵押替代品方式，设计适销对路、风险可控的信贷产品。如辖区孤山村收购加工酸枣仁的资金短缺，严重地限制了该行业做大做强，农信社将孤山村酸枣仁加工业作为“农信进万家”活动的试验田，进行重点扶持，通过集中调查、集中评级、集中授信，运用多种信贷产品，如农户联保、仓单抵押、担保公司担保等手段进行信贷支持，及时地满足了加工户的资金需求。另外，积极推行个体工商户贷款和青年创业贷款，营造了个体商户盈利、政府增收、农村信用社增效的“三赢”局面；邮政储蓄银行在开展贷款业务后通过“送贷款下乡活动”对满足要求的企业和枣农发放贷款。2009年，根据赞皇蜜枣加工季节性强的特点，在政府及人行赞皇支行的协调下，农信社和邮储银行提前召开银企协商会，放宽贷款条件，简化贷款手续，下调贷款利率，实行限时办结。为促进县内大枣产业结构优化，只对获得QS认证的蜜枣加工企业开通绿色渠道给予优惠贷款，对不符合国家食品安全生产规定的小作坊式蜜枣加工户一律停止贷款发放，这不仅解决了企业的资金问题，还促使企业为获得贷款提高经营管理以符合国家食品安全生产规定。

3. 农业银行和农业发展银行

农业银行依托其较为雄厚的资金实力和覆盖全国的汇兑结算业务，一方面为符合条件的各企业提供贷款，另一方面还通过大力推行惠农卡的发放，为小农户提供贷款，为枣农和龙头企业办理全国性承兑、汇兑、结算等业务提供了高效的金融服务。农业发展银行通过发放政策性贷款扶持龙头企业的发展。

4. 民间借贷机构

在赞皇，除了一些发展比较好的大枣加工企业外，还存在大量的小作坊。这些个小作坊一般对资金的需求不大，但是由于一方面无法满足正规金融机构的贷款要求；另一方面正规金融机构的贷款手续比较烦琐，所以，只能求助于民间借贷。民间借贷为大枣的小作坊生产者提供了便捷的资金支持，如向小额贷款公司贷款、亲朋好友间的借贷。

5. 保险机构

保险机构对大枣产业的金融支持包括对各金融机构的贷款保险和农户的农业保险。从 1997 年，石家庄市供销社系统便开始对农业保险进行了一系列有益的尝试。2008 年以来，市供销社正式确定了由“政府引导，财政支持，社员自愿，供销办理”的安全统筹互助农业保险模式。之后在一些地区进行试点工作，赞皇县成为 11 个试点区之一，枣树成为其承包的品种。2011 年 8 月上旬，一场夹杂着冰雹的大风暴雨，使石家庄市赞皇县洋泽乡西郭家庄村 3000 亩即将成熟的大枣遭受损失。幸运的是，该村连春位大枣专业社的 1006 亩大枣在 2010 年参加了石家庄市供销社新型互助农业保险，由此弥补了自然灾害造成的部分经济损失。

## （二）赞皇大枣产业化发展存在的问题

在金融支持的参与下，赞皇大枣产业迅速发展，到 2010 年全县有 62 家蜜枣加工企业取得食品生产许可证，推出了干枣、红枣、阿胶红枣、广式蜜枣、金丝蜜枣、枣酒等系列产品，产品打入广州、上海、深圳等市场，出口新加坡、马来西亚、韩国、日本等国家，深受各阶层消费者的青睐。但是随着发展的深入和大枣市场需求的变化，赞皇的大枣产业也陆续涌现出一些问题，主要有：

1. 产业结构不合理导致增产不增收

赞皇大枣主要用于加工蜜枣，由于蜜枣市场供不应求，用于加工蜜枣的青枣价格居高不下，在利益的驱使下，赞皇枣农不断加大对青枣的种植，最终造成了目前 95% 的枣树产青枣，5% 的枣树产红枣，青红枣树种植比率严重失调的局面，阻碍了红枣市场的发展。2011 年赞皇又迎来一个丰收年，青枣供应大幅度增加，但由于青枣需求有限，最终使枣农不得不面对价格下降、丰产不丰收的尴尬局面。而红枣却供不应求，同期红枣价格相当于青枣的10倍，干红枣甚至达到青枣价格的40倍①。可见，赞皇大枣产业种植结构不合理，阻碍了大枣产业化的发展。

2. 技术支持不足导致产业链短、收益有限

早期赞皇大量种植青枣是由于利益所驱，而近期仍大量种植青枣则是由于相应技术支持不足所致。红枣的种植风险大于青枣，对农业技术要求较高。但是，赞皇县红枣产业链发展不足，贮藏、烘干技术缺乏，对红枣的深加工，绝大多数只做蜜枣，产品单一，原产品销售使其附加值很小，收益有限。大枣产业做大做强需要的是提高质量深加工，拉长加粗产业链。

3. 龙头企业欠缺导致产业化进程缓慢

赞皇大枣的深加工缺乏龙头企业，仍然存在大量的小作坊生产。由于小作坊生产设施及成本、规模等方面的限制，使得自身易受外界影响的冲击，抵御风险能力差，不利于市场的稳定发展。例如，2011年赞皇政府对蜜枣加工企业的限制和要求增加，使得大量不合规的小企业倒闭。且由于资金链不足，糖价上涨，蜜枣销售价格下降，通过认证的60多家企业开工的也只有30多家，这些企业每年也只开工三四个月，这也是影响青枣收购价格的一个重要因素。另外，许多酸枣小作坊存在不规范生产的现象，排污不规范不达标，对生态造成严重的污染，产生了较大的负外部性。同时，枣企在品牌推广、产品附加值提升等方面发展缓慢，严重影响了特色农业产业化进程。

### （三）特色农业产业化金融支持存在的问题

1. 互助社和合作社金融支持十分有限

一是互助社和合作社的服务对象相对固定，限制较多，只能对社员成员发放贷款。二是互助社和合作社对入社的农户都有缴纳最低资金的要求，与农户缺乏资金的实际情况矛盾；另外，互助社和合作社

---

① 王小波：《多原因致枣农增产不增收》，《燕赵都市报》2011年9月29日。

不仅对入股的农户有最低的资金要求而且还有最高出资额的限制，这就限制了那些有闲置资金并以入股分红为目的的农户的投资。三是助社吸收资金的规模有限，提供的信贷资金较小，无法满足农户和企业对大额资金的需求；合作社可以提供较大额的信贷资金，但贷款成本较高。四是由于互助社和合作社不是正规的金融机构，存在经营管理不规范的问题，信贷资金的营运风险比较大。

2. 农信社和邮储银行对农业产业化发展力不从心

农村信用社的市场定位是服务“三农”，主要提供小额农户贷款、农户联保贷款和农村个体工商户贷款，但是由于农信社的服务区域是按行政区划严格分割的，具有强烈的垄断性，有向盈利较好、风险较小的龙头企业倾斜的贷款倾向，无法为农业产业化经营各主体提供多元、灵活的金融服务。农业产业化的经验范围一般都辐射全国甚至出口国外，如赞皇大枣产业的发展已实现了跨省、跨国经营，这就使得农业产业化的发展特别是龙头企业的发展要求有快捷、通畅的结算系统，但我国的农信社目前还没有完全实现全国农信体系通兑通存和实时兑付，因此农信社在支持赞皇农业产业化发展方面会力不从心。邮储银行由于业务不完善，资金实力小，风险承受能力弱，对支农业务也力不从心。

3. 农业银行和农业发展银行的县级支行服务范围狭窄

农业银行作为一家上市商业银行，对其营利性的要求使农业银行发展战略移位，对农村和农业产业化的支持力度减弱。农行主要支持少量的信用级别较高的大型产业化龙头企业，尤其是国家和省级重点龙头企业，而其他规模相对较小、盈利相对较少的企业的资金需求却不容易得到满足。并且，由于农行实行总分支行的组织结构，县级支行金融创新的能力和动力不足，贷款产品单一，无法满足农户多样化的金融产品要求。农业发展银行又局限于单一的政策性金融服务，业务服务范围狭窄，无法为农业产业化的发展提供充足的支持。

4. 民间借贷极易引起高利贷等不规范的经营行为

由于我国对民间借贷向金融机构参股入资的限制，使我国金融市场上存在大量的未纳入正规金融体系的民间借贷。且我国目前还未实行民间借贷登记制度，使民间借贷具有较高的隐蔽性，这样就极易引起民间资本发放高利贷等不规范的经营行为，为整个金融体系的安全稳健带来隐患，不利于农业产业化的健康发展。

5. 涉农保险机构少

由于农业保险风险大、回报率低，各保险公司不愿涉足。截止到2009年9月，河北省15家保险公司中办理农业保险的只有2家，无法满足现代农业对农业保险的迫切需求。

纵观所有对赞皇大枣产业提供金融支持的机构我们发现：对大枣产业提供金融支持的各机构业务开展中各自为政，金融机构之间缺乏沟通与协调，使得这些金融机构对大枣产业各个环节的金融支持力量不一，造成对金融资源利用的低效率，没有形成一个高效运作、相互补充、多元化合作的金融支持体系。

### （四）从农业产业链的视角看金融支农

通过上述分析我们需要思考的问题是：我国农村金融机构一个不少，为什么支农作用却没有高效发挥？为什么加大农户金融支持还会出现“枣贱伤农”“菜贱伤农”“谷贱伤农”等现象？

农产品作为原产品销售，其附加值很小，农业产业链很短，农产品的价格取决于消费市场需求，当农产品上一年价格高时，农户当年会扩大种植，资金需求大，金融支持增加，农产品供大于求，价格下跌，则会出现农产品增产不增收，“枣贱伤农”“谷贱伤农”“菜贱伤农”等现象。

在这种传统农业产业链条下，农户生产分散、盲目，无法把握市场，加工仅限于小作坊初级简单加工，龙头企业缺乏，也就出现了基层金融机构加大对农户的支持力度，其结果只能是增产不增收，资金难以回收，信贷风险大，这也是商业性金融机构不愿涉农的根本原因。多年来，金融机构支农重点放在农户身上，没有从农业产业链的视角考虑支农问题，这就造成了完善的农村金融体系并没有带来农村金融资源的高效利用。

农产品作为原料进行深加工，产业链延伸，附加值增加，农户除了直接供给消费市场，还供给农产品加工市场，消费市场在一定时间内需求量的变化很小，而农产品加工市场的需求是随着产业链的延伸不断增加的。农产品加工者为了稳定成本，会更关注原料的生产，提前与农户签订合同。这种农业订单生产不仅避免了农户资金需求的盲目性，也解决了增产不增收的现象。同时，农产品加工者为了扩大消费市场，不断在深加工方面进行科技投入，进一步拉长加粗了农业产业链，农产品的产供销形成良性循环。

在这种良性循环的农业产业链条下，深加工是由有实力的龙头企业来做的，龙头企业对于带动农户进入市场，推动科技创新，改善农业生产条件，增加农户收入，都具有特殊的重要作用。龙头企业需要的不仅仅是扩大生产的固定资产资金、用于深加工的科技资金、多样化流动资金，还有便利的资金结算和中间业务。有实力的龙头企业是大中型商业性金融机构青睐的客户，当龙头企业得以发展，一方面会将资金传导到小农户，订单关系为农户提供了担保，缓解农户面临的信贷约束帮助农户获取贷款①；另一方面，从事订单农业的农户与分散的农户相比，融资风险小，有利于基层中小型金融机构开展有效的金融服务，更好地满足农户资金需求与保险需求。在农业产业链的视角下，大、中、小型金融机构提供的金融支持是以资金的有效需求决定资金有效供给的，金融资源可以得到高效利用，农村金融机构之间得以协调发展。

### （五）结论

通过对赞皇大枣产业的研究可以看出，特色农业产业化的发展离不开完善的金融支持，一个完善的特色农业产业链金融支持体系不仅需要为特色农业产业链中各资金需求者提供充足的信贷资金，还需要与特色农业产业链中各参与者之间在信息、技术、保险等各方面进行有效沟通和联系。为保障农村经济和农村金融的共同发展，特色农业

① 马九杰、张永升、佘春来：《基于订单农业发展的农业价值链金融创新策略与案例分析》，《农村金融研究》2011 年第 7 期。

产业化金融支持应该从农业产业链的视角考虑支农问题。

在农业产业化过程中，创造农产品供给之前，需要先了解农产品需求状况，农产品需求量的大小取决于农产品的使用范围，农产品的使用范围依赖于农产品的深加工，深加工是农业价值链中体现其效益最大化的生产环节，是扩大最终消费者需求的关键。因此金融机构应针对特色农业产业链中的各个环节量体裁衣，围绕特色农业的农副产品生产、初加工、深加工、大销售这一完整产业链进行金融支持，可以考虑从以下几方面着手：

一是农业银行和农业发展银行要着力做好特色农业产业化龙头企业的金融服务。当前金融服务机构应进一步拓宽业务领域，把各种类型的龙头企业特别是贫困地区具有发展潜力的小型企业纳入信贷范围，创新龙头企业的融资评估和融资程序，创新流动资产担保形式，加大龙头企业的科技信贷。

二是农村信用社、邮政储蓄银行、小额贷款公司、农村互助社和农业合作社等中小型金融组织基于订单农业发展的农业价值链，为订单农户和专业合作社提供金融创新服务和相关技术培训。

三是银行和涉农保险公司主动参与和建设特色农业产业链中的农村信用共同体（由农业产业化龙头企业、农民专业合作社、农户、银行、保险公司、担保公司等因共同利益关系采用多种组合方式的农村信用共同体），引导发挥特色农业产业链信用共同体的联合增信功能，促进形成政府政策性扶持资金投入、银行提供信贷资金支持、保险公司提供农业保险、担保公司或担保基金提供贷款担保、涉农部门提供综合服务保障的多方联动机制。

## 四　农业产业化经营中农民专业合作社融资分析——以河北省廊坊地区为例

农业产业化经营中提升农业产业组织效率的基本途径是大力发展农民专业合作社。在此以河北省廊坊地区为例，针对廊坊地区六县两区的农民专业合作社发展和金融支持状况先后进行了走访、座谈、入户调查，并发放一百份问卷，试图通过分析农业产业化经营中农民专业合作社发展及其金融供求状况，找到农民专业合作社发展中金融支持存在的共性问题，提出促进农民专业合作社发展的对策建议。

目前，河北省在工商部门注册的农民专业合作社2万多家，农民专业合作社广泛分布在种植、畜牧、农机、渔业、林业等农村各个产业，不仅提高了农业组织化程度，极大地推进了现代化农业发展，而且对农业增产、农民增收作用显著。然而在发展中，由于农民专业合作社是一个新生事物，金融机构没有针对农民专业合作社的信用档案，而农民专业合作社缺乏有效抵押担保资产，不符合银行贷款条件，因此，融资难是制约当前农民专业合作社发展的主要瓶颈。

### （一）农民专业合作社的现状

截止到2012年2月底，在廊坊市工商部门登记注册的各类农民专业合作社有777家，其中：种植业473家，占总数的61%；养殖业203家，占总数的26%；农机服务27家，占总数的3%；其他各业74家，占总数的10%。主要业务包括向农户销售种子、种苗、化肥、农药，提供技术服务，销售各类农产品。全市43%的农户参与了合作社，现有社员3.8万户，出资总额18.96亿元，带动农户18.6万户。课题组选择了廊坊市六县、两市、两区各10家农民专业合作社，共计100家农民专业合作社进行问卷调查，共收回有效调查问卷100份。具体抽样情况如下（见表3－2）。

**表3－2　　农民专业合作社抽样情况　　单位：家**

| | 种植业 | 养殖业 | 农机服务 | 其他各业 |
|---|---|---|---|---|
| 总体（777家） | 473 | 203 | 27 | 74 |
| 总体（%） | 61 | 26 | 3 | 10 |
| 样本（100家） | 65 | 33 | 3 | 3 |
| 样本（%） | 65 | 33 | 3 | 3 |

注：样本中有4家农民专业合作社种植业与养殖业兼营。

1. 农民专业合作社领办主体与业务范围涉及面

农民专业合作社既有农村大户牵头，又有村干部引领；形成了领办主体多元化的格局。样本中的100家农民专业合作社成立时间均在2006—2012年，资产规模不等，72%是由大户牵头组建，13%是由村干部领办，10%是由龙头企业推动而建，村干部与大户、龙头企业合作各组建1家。农民专业合作社目前主要业务范围中，产品销售（包括简单分类处理）占90%，技术服务占73%，向农户销售种子、种苗、化肥、农药等占50%，产品粗加工占20%，产品精加工仅占8%。

2. 合作社成员出资入股与产品购销方式

合作社成员出资入股的方式：95%以现金入股、32%以土地入股、27%以技术入股，合作社的盈余分配方式中，66%按交易量（额）返还盈余，20%按出资额和公积金份额返还盈余，两者相结合的占6%，按交易量（额）返还盈余占比为60%，按出资额和公积金份额返还盈余占比为40%。

合作社对入社成员产品的购销方式：40%赊销（先卖后结账），27%依靠中介推销（即代销，只收取佣金），37%由合作社买断（直接买进），36%成员委托合作社定价销售，部分合作社的购销方式是多种形式结合使用。如果合作社对入社成员产品采取赊销或买断，48%的合作社随行就市，以优于市场的价格进行收购。合作社与成员签订购销合同占42%。

3. 合作社对成员提供的服务

67%的合作社对成员和非成员提供的服务不相同，主要在于：82%认为产品销售或加工更有保障，64%认为能获得更便宜、质量更好的农资，63%认为能得到生产技术服务。92%的合作社得到过专业人员、农技推广人员的技术咨询服务。

### （二）农民专业合作社的可持续性发展存在的问题

1. 资金缺乏是合作社的可持续性发展面临的主要阻碍

根据调查显示，合作社的可持续性发展面临的主要阻碍中资金缺乏占首位，资金缺乏是制约当前农民专业合作社发展的最主要问题之一，其比例占到了91%（见表3－3）。

**表3－3　合作社的可持续性发展面临的主要阻碍**

| 合作社的可持续性发展面临的主要阻碍 | 占样本比（%） |
| --- | --- |
| 资金短缺 | 91 |
| 管理水平有待提高 | 67 |
| 政府支持不够 | 52 |
| 生产基础设施条件较差 | 47 |
| 经营规模太小 | 39 |

2. 组织机构有待健全，经营管理有待规范

从调查情况来看，农民专业合作社中51%的合作社设有成员大会、成员代表大会、理事会和监事会，合作社已建立的内部管理制度中，98%的合作社有章程，97%的合作社有财务管理制度，91%的合作社有盈余分配制度，51%的合作社有民主管理制度，31%的合作社有岗位责任制度，41%的合作社有会议制度，26%的合作社有费用报销制度，20%的合作社有产品价格制定办法。农民专业合作社中74%设立了专门财务会计机构，没有设立的，则有88.5%的合作社委托会计事务所、企业财会部门或会计个人处理账务。82%的合作社目前执行的是农民专业合作社财务会计制度，也有15%的合作社目前执行的是企业财务会计制度，54%的合作社设立了成员账户。多数合作社能按照《农民专业合作社法》要求，制定比较规范的《章程》，建立健全了内部管理制度，成立了社员大会、理事会、监事会“三会”组织，做到民主管理、民主决策、民主理财。但是部分合作社，民主管理意识比较淡薄，内部制度和章程不健全，管理人才比较缺乏，没有建账核算，没有建立规范的盈余分配制度，等等。

3. 发展环境还不够宽松，服务还需加强

从调查中发现，44%的合作社接受过人才和技术培训，35%的合作社享受过税收优惠，33%的合作社得到财政补贴，10%的合作社产品运输免通行费，9%的合作社用电执行农业生产电价标准，8%的合作社享受到农业农村经济建设项目扶持，合作社获得县级政府及部门扶持较大。可见，促进合作社发展的优惠政策落实不到位，获得农业

项目支持、农产品销售税收优惠政策等还没有得到很好的落实。

## （三）农民专业合作社金融需求的现状

1. 农民专业合作社资金需求与用途

调查显示，97%的合作社有资金的需求，在合作社发展成长阶段和做大做强阶段资金需求最大，需求额度从数十万元到数千万元不等，期限一般为1—3年，能接受的利率为8%—10%。从融资成本看，25%的融资成本利率在5.3%以下，14%的融资成本利率在5.3%—12.6%，61%的融资成本利率在13%—17%，与民间融资成本相比算是比较低的。主要用途是种养殖经营、购置设备、农业基础设施建设等（见表3－4）。

**表3－4 合作社资金需求的主要用途**

| 合作社资金需求的主要用途 | 占样本比（%） |
| --- | --- |
| 种养殖经营 | 63 |
| 购置设备 | 50 |
| 农业基础设施建设 | 48 |
| 农业生产资料 | 32 |
| 投资办厂 | 25 |

2. 农民专业合作社资金来源渠道

从调查看，合作社主要资金来源渠道中老成员增资比例最高，为66%；其次为新成员的会费，占41%；其他方式则均不超过25%（见表3－5）。可以看出，合作社的融资渠道非常狭窄，除了内部融资外，很少考虑其他方式，尤其是金融机构贷款，而在有限的金融机构贷款大多是农信社和农业银行针对合作社成员发放的小额信用贷款，合作社自身很难获得金融机构贷款。

**表3－5 农民合作社的主要资金来源渠道**

| 农民合作社的主要资金来源渠道 | 占样本比（%） |
| --- | --- |
| 老成员增资 | 66 |

续表

| 农民合作社的主要资金来源渠道 | 占样本比（%） |
| --- | --- |
| 新成员的会费 | 41 |
| 吸收外部投资 | 22 |
| 新成员出资 | 16 |
| 政府支持 | 11 |
| 金融机构贷款（对社员贷款） | 7 |

3. 农民专业合作社金融需求

从调查中发现，65%的合作社没有跟金融机构接触过，35%的合作社与金融机构有过接触，提出过贷款需求，但由于种种原因，贷款没有解决，合作社没有获得贷款的原因是贷款审查过严（65%），缺乏有效抵押品（60%），手续太麻烦（44%），信用贷款额度小（42%），贷款利率太高（23%）等。

调查中37%的合作社了解农村金融产品和服务政策，57%的合作社希望从金融机构获得特色农产品保险、农房、农机具和农产品质量保险，41%的合作社希望从金融机构获得房地产、机器、设备等抵押贷款，20%的合作社希望得到存货、可转让的林权、土地承包经营权、知识产权、股权、应收账款、保险保单等抵（质）押贷款。

## （四）农民专业合作社金融支持存在的问题

近年来农村金融机构虽然加大了对农民的信贷支持力度，但农民专业合作社融资供求失衡状况很严重，融资难问题从根本上没有得到解决。农民专业合作社融资难的原因很多，农民专业合作社贷款难既有金融机构方面的原因也有自身原因，但主要体现在以下几方面：

1. 金融支持滞后

（1）基层金融机构不足，缺少政策支持

随着农民专业合作社的快速发展，涉农金融机构不断改善服务，但由于体制等外在客观因素，合作社感觉涉农金融机构网点少、门槛高、手续繁、周期长。虽然人民银行、银监会加大了政策引导力度，但是农村金融机构中，农业发展银行对农民专业合作社不提供金融服务，农业银行总行和邮政储蓄银行总行没有制定出针对农民专业合作社金融服务的具体规定，基层银行只能对合作社成员提供小额信用贷款。

（2）缺少针对合作社的金融产品

在现行信贷政策条件下，担保抵押资产是否充足，是金融机构决定贷款与否的主要条件。但是农民专业合作社缺乏有效的抵押和担保。目前与农村信贷相配套的农业担保体系、信贷风险补偿机制和农业保险制度尚未建立，信贷风险全部由贷款机构承担。由于农民专业合作社经营场所、产品和经营周期的特殊性，在融资中往往不能提供有效的抵押担保。加之农业生产容易受到自然资源、气候及市场等因素的多重制约的特点，具有极大的不确定性，这就加大了农村信用贷款的风险，且多数农民专业合作社处于起步阶段，生产和市场风险较高，资产少，实力弱。为防范信贷风险，金融部门发放贷款时“凡贷必保”，既增加了合作社获得贷款的难度，也增加了金融机构发放贷款的成本。从调查中发现，金融机构至今针对农民专业合作社的金融产品，造成农民专业合作社的融资需求得不到满足。

2. 农民专业合作社存在自身缺陷

（1）合作社的先天弱质性

目前，农民专业合作社从事种植、养殖业务的占80%以上。农业是弱质产业，受自然灾害、市场行情等多种因素的影响，合作社自身抗风险能力脆弱。受自然和市场双重影响，贷款风险高。

（2）农民专业合作社财务管理不规范

由于农民专业合作社财务、管理不规范，贷款风险大且难以控制和化解，成为阻碍农民专业合作社获得金融服务的根本原因。金融机构对农民专业合作社贷款的担心体现在农民专业合作社在管理和运行机制上不完善，农民专业合作社组织松散，对社员的约束力不强，一些农民专业合作社只是有名无实。从调查看，81.9%的金融机构认为“合作社在管理和运行机制上不完善”，57.5%的金融机构认为“合作社组织松散，对社员的约束力不强”，41.5%的金融机构认为“一些合作社有名无实”。

(3) 农业风险分担机制不健全，制约了信贷资金的注入

农民专业合作社主要经营的是农产品或农产品再加工，从事的产业是弱势产业、高风险产业，需要风险分担机制为其化解风险。而从实际情况看，一是财政扶持力度不大。尚未建立起长效的农业发展基金、救灾补助、贷款贴息等扶持补偿机制，基层政府大多财力不足，对农村经济及农村金融的补助扶持有待加强。此外，由于多种原因，导致市、县财政对合作社的扶持资金比较少，资金不足困扰着合作社的正常运行。二是农业保险缺失。农村政策性保险制度尚未建立，而商业性保险又处于费率高农民保不起、费率低保险公司赔不起的尴尬境地，农户参保率低，尤其是自然灾害险种几乎空白。仅有21%的合作社参加了相应的农业保险，保险种类涵盖农产品生产、加工与经营，其中11%的合作社自愿参加农业保险。

### (五) 政策支持措施及建议

农民合作社是农业生产经营的新型主体，也是推动农村经济社会发展的重要力量，随着不断发展和完善，它越来越显示出旺盛的生命力和广阔的发展前景。

1. 出台相关的扶持政策，建立担保基金和风险补偿机制

要使农民专业合作社在资金方面得到更大的帮助，政府要制定必要的优惠扶持政策，在政策、资金、税收等方面加大对农民专业合作社的扶持力度，通过专业合作社的发展带动农民的持续性增收，为其发展创造良好的政策环境。

一是政府要建立信贷担保基金，金融机构在此基数上按一定的放大倍数向合作社授信，以解决农民专业合作社担保难、融资难问题。

二是建立信贷风险补偿机制和奖励机制。即由地方政府、农民专业合作社按一定比例出资建立“贷款风险补偿基金”，一旦出现贷款损失，按一定的顺序和比例从补偿基金中对金融机构补偿。

三是要健全农业保险制度，加快建立健全农业再保险体系，形成农业巨灾风险分担机制，地方政府要相应加大政策性保险的投入，鼓

励和扶持商业保险进入“三农”领域，推进商业保险公司代办或开展商业性农业保险。可借鉴国家已制定的对能繁母猪给予保费补贴的办法，对种植、养殖、农产品加工、物流运输等专业合作社按照其面积、产量等进行保险补贴。

四是建立农民专业合作社发展专项基金。县财政能否从支农资金中列支一项专门支持合作社发展。尤其现阶段是合作社发展初期，多数合作社需要资金支持，财政资金应考虑留出一项扶持优秀农民专业合作社。

2. 完善农民专业合作社经营管理机制，夯实融资基础

调查的合作社认为要实现成功经营的关键因素依次是：营销渠道（89%），管理能力（77%），充裕的资金（74%），良好的管理机制和生产组织形式，合理的盈余分配制度（55%），政府的支持（54%）。因此，在合作社的经营管理方面，一是完善组织管理，依据法规，规范合作社章程、治理结构、民主管理机制，健全社员代表大会、理事会和监事会等机构，使合作社能够规范、有效运作。二是规范财务管理。建立独立的银行账户与会计账簿，逐步提高合作社的财务管理水平，打好获得融资基础。三是围绕主导产业和优势产品，鼓励各类生产、贩运大户和经纪人利用其生产、经营、购销的优势组建合作社，引导各类龙头企业利用其资金、信息、管理和加工、流通优势组建合作社。四是突出品牌发展战略。在合作社内部统一注册商标、统一包装，并制定技术规程和产品质量标准，创无公害产品、绿色食品和有机食品，走名牌之路①。五是完善与龙头企业、农户的对接，探索完善“龙头企业+合作社+农户”等产业化经营模式。适时推动合作社之间加强合作，成立联合社，壮大实力。

3. 加快金融服务创新，缓解农民专业合作社融资难问题

金融机构要加快农村金融服务领域的金融创新，针对农民专业合作社出台相关金融政策，扩大支农服务范围，不断改进服务方式和提

① 雷贵优：《农民专业合作社发展及金融支持研究——以三明市为例》，《金融经济》2011年第2期。

高服务质量。

一是简化贷款手续，实行优惠政策。对列为重点扶持对象的专业合作社、龙头企业和种养农户，在贷款额度范围内的，可直接到当地农村金融部门办理贷款，无须经过层层审批。对贷款额度范围外的，实行贷款审批“绿色通道”，尽可能提供及时的信贷资金支持[①]。根据合作社风险程度、资信情况和经营效益及信用农户等级等因素灵活进行贷款利率定价，对项目风险低、信用好的农民专业合作社和种养户给予10%—30%的贷款利率优惠。同时发挥信贷的引导作用，对农民专业合作社和农户的产前、产中和产后各环节进行扶持，促进合作社壮大和种养农户发展，重点培育农业产业化发展链，带动农村经济发展。

二是探索新的抵押担保形式。扩展抵押担保物的范围，凡法律法规不禁止、产权归属清晰、价值评估合理的各类资产都可允许其作为贷款的抵（质）押物。对应收账款、仓单、林权、渔权等权利抵（质）押方式，要加大推广力度，特别对于土地流转和投资分红等的质押方式需要继续探索。还可探索开展由当地商会或协会组织的联保贷款，提高农民专业合作社获贷能力。推行农民专业合作社、农村专业合作社、财政、担保公司等多方参与的信贷联保模式，积极推广“集中担保，分散使用”和“限额担保，周转使用”等灵活有效的担保方式[②]。

三是积极创新金融产品。以“公司＋基地＋农户”的运作模式为依托，将小额贷款向农民专业合作社及其社员倾斜；对参加农民专业合作社的农户，适当增加贷款额度，扩大农户受益覆盖面；加大与担保公司、保险公司的合作，积极开发适合专业合作社特点的信贷产品，多方式、多渠道为农民专业合作社及社员提供信贷支持。利用农户闲散资金组建资金互助合作组织。

① 陈建中、唐弘毅：《“农业订单链式贷款”多方共赢》，《农民日报》2010年8月28日。

② 靳宝玺：《多举措支持农民专业合作社发展》，《黑龙江日报》2012年9月10日。

# 第四章

# 基于农业价值链视角的农业产业化经营融资机制

## 一 当前我国农业产业化经营的主要融资模式

伴随着对农业的扶持和投入力度持续加大，我国的农业发展正在由散户生产向区域化布局、规模化生产转变。当前我国农业产业化经营的主要融资模式有如下几种。

### （一）直接融资模式

直接融资模式是我国农业产业化发展中的传统融资方式，这种融资模式的主要方式是需要资金的单个农户、联保农户、农民专业合作社或企业直接向银行类金融机构申请贷款，在金融机构审核批准的情况下，为需要资金的农户和企业提供资金支持的形式（如图4－1所示）。直接融资模式中融资来源有：中国农业发展银行、中国农业银行、农村信用合作社等提供的金融支持。

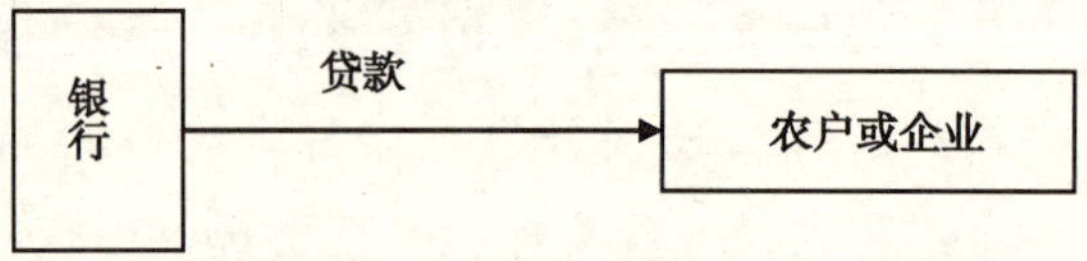


图4－1　直接融资模式

在银行类金融机构的信贷业务中，农业信贷占全部信贷的比例较小，且大多用于常规性的种子、农药等生产费用的短期贷款，用于农业基础设施建设、农业资源和农业机械化技术开发的中长期贷款相对较少。作为农业发展银行和农业银行只给农业龙头企业和资质较好的大客户贷款；农村信用合作社只对有抵押和担保的农户提供贷款，难以满足小农户和农业小、微企业的要求①。

### （二）“公司 + 农户”的价值链融资模式

“公司 + 农户”价值链融资模式作为农业产业化发展的起点，产生于20世纪80年代。“公司 + 农户”价值链融资模式的产生主要是为缓解农户小生产与大市场难以对接的矛盾，消除难买难卖、产销分割的局面而产生的“利益共享、风险共担”的产销一体化等经营联结形式的一种融资模式，它是小农经济下农业价值链融资模式的探索和发展。一些企业为了获得稳定的原材料供应，与农户签订合同，成为“公司 + 农户”的最初形式。“公司 + 农户”价值链融资模式的实现通常是以公司和农户签订合同的形式来实现的。蒋伯英（1994）将“公司 + 农户”归纳成四种模式：公司 + 农户、企业 + 农户、股份 + 农户、合作社 + 农户。认为公司 + 农户是以市场为导向，以公司为龙头，以区域经济为基础，以扩大经营为目的，构筑小农户向大市场的连接和桥梁，形成产供销一体化的经济共同体②。这种模式主要应用在养殖、乳业等行业。

“公司 + 农户”模式主要是向价值链各环节上有融资需求的公司直接提供资金，并通过公司与农户签订的合同，获得资金支持的企业将资金延伸到价值链上游或下游的种植户和养殖户（如图 4 – 2 所示）。企业为农户提供全程服务，实行优惠价格并保证优先收购，农户按合同为企业提供优质农产品，然后由企业进行产品的加工、再加工等一系列价值增值活动，最终将农产品推向市场。龙头企业通过和农户的利益关系，带动农户进行专业的生产，实现生产、加工和销售的一体化。在“公司 + 农户”的模式下，银行等金融机构也发挥着

---

① 韩俊：《建立普惠型的农村金融体系》，《中国科技投资》2010 年第 3 期。

② 甘筱青：《生猪供应链模式的系统动力学仿真及对策分析》，《系统科学学报》2012 年第 3 期。

重要的作用。企业通过为农户提供担保，使农户从银行等金融机构获得贷款，有了流动资金，扩大生产规模；同时银行等金融机构也为企业提供资金支持，有利于企业的发展。“公司＋农户”融资模式的价值链构成如图4－2所示。

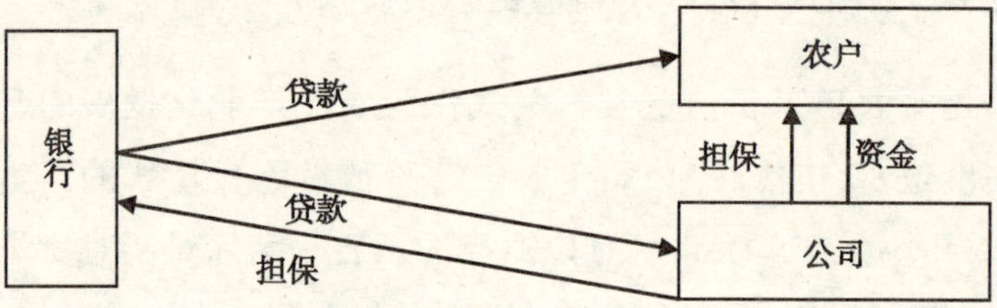


**图4－2 “公司＋农户”价值链融资模式**

## 二 不同融资模式在农业价值链中的风险分析

### （一）稳定因素

农业价值链的稳定性取决于各经济主体之间的利益联结方式和紧密程度，利益分配是否公平合理，是否是真正的风险共担，利益共享。由于历史体制的因素，农业生产、加工、销售环节被人为地割裂，加工、销售环节占有农产品的绝大部分增值收益。龙头企业是强势集团，控制着加工和销售环节，最终完成农产品的价值实现。在农业价值上，显然龙头企业处于优势地位，在链条最底端的农户处于劣势地位。由于农户经营分散、规模小、商品化和专业化程度很低，以及农产品的买方市场结构和信息的不对称，导致龙头企业掌握着实际的定价权。龙头企业为了自身利益，常常会压质压价，导致农户利益受损。农户由于未获得公平利益，也会调整其行为，如主动违约等，导致龙头企业的原材料来源失去稳定的保障。龙头企业不承诺保护农户利益，农户也不对龙头企业承担责任，结果导致双方信任缺失。违约的目的都是获得更多的收益，但是违约增加了交易的成本，致使信任缺失，导致农业产业链条无法平稳运行，甚至可能断裂①。

直接融资模式下，单个农户的资金需求主要来自于家庭生活和生产方面的贷款需求，其资金需求数额较小。无论是从正规金融机构获得贷款还是从非正规金融机构或个人处获得贷款，农户贷款需求的季节性特点较为明显，且受自然环境的影响较大，资金的供需状态不稳定。从农业价值链视角来看，这一价值链中只有农户价值链最短，极易受自然环境和市场形势的影响，稳定性最差，因此农户的直接融资模式的稳定性较差，易于波动。

就农户联保贷款而言，正规金融机构为农户提供贷款服务的前提是借款人首先要自愿加入当地的由农户组成的互助贷款小组，互助组的成员相互提供担保，但是该种模式的稳定性受互助组成员是否稳定的影响，同时受互助组各成员的信用水平的影响；除此之外，从农业价值链视角来看，农户联保贷款虽然相比于农户直接融资模式而言稳定性增强，但是只是增加了农户之间的相互担保，价值链并没有加长，农户对市场波动因素的敏感性较强，因此在农户联保贷款的融资模式下，农户与贷款机构投融资的不稳定因素较多。

就“公司＋农户”而言，由于农户规模小、数量多都使该种融资模式的组织成本增加，公司与农户之间的合作的利润分配不合理等都影响着“公司＋农户”的稳定性。在直接融资模式下，公司与农户之间的契约的稳定性受市场因素和合同治理管理的影响较大；除以上影响该种模式的稳定因素以外，从农业价值链视角来看，虽然与单个农户和联保农户相比，“公司＋农户”价值链增长，稳定性相比增强，但是，在市场大环境不景气的情况下，公司违约风险加大，因此增加了“公司＋农户”的不稳定性。

### （二）技术因素

技术是指由于某些技术因素，如农业科学技术的发展、进步和提高（如稻麦播种收割的半机械化、产品品种的改良、农业生产技术的

① 肖小虹：《农业产业链利益机制研究》，《贵州社会科学》2010年第8期。

改进、农业科技成果的推广和应用等，给我国农业生产造成损失的可能性。技术风险产生于科学技术的副作用（比如转基因对食物安全的可能损害、杀害虫的同时可能使牲畜因误食而中毒等）。局限性或其不适当的使用而给农业生产和经营带来的各种损失的可能性。我国是一个人口多耕地少的国家，确保农产品总量的有效供给，必须立足于农业的科技进步，新的适用技术的采用和由此带来的技术进步应成为克服资源约束，促进农业发展的最有效的方式之一。随着大量农业高新技术的采用和推广，农业的技术风险将会迎来一个大幅度扩散和高发的态势①。这几年频发的食品安全问题，导致农业链产业中的龙头企业和消费者之间产生了很大的信任危机，最终会影响整个农业产业链的稳定性。

在直接融资模式中农户获得的资金大多从事最基本的生产活动；对于农户联保贷款而言，其涉及的贷款额度较小，因此对技术的改造和创新帮助较小。就“公司 + 农户”农业融资模式而言，公司与农户签订合同，由农户负责种植或饲养，公司保证其产品的销售，同时公司还帮助农户引进先进的技术或进行技术指导，从而促进小农户的发展。

从农业价值链视角来看，农户直接融资模式和农户联保模式价值链较短，农户无法从其他渠道获得技术创新和技术支持；“公司 + 农户”模式中，公司为农户提供专业技术，从而得以获得所需的标准化的产品供应，但是该种模式的技术支持有一定的局限性，由于价值链较短，公司仅面对部分市场，不能及时根据市场需求的变化来为农户提供技术支持。

### （三）风险因素

在直接融资模式中，风险主要表现在农户不能按时如数偿还所借资金的风险。由于农业生产受自然环境和气候的影响较大，受自然灾

① 吴东立：《制度变迁下我国农业风险管理体系重构：一个框架性设计》，《农业经济》2008 年第 3 期。

害的影响较大，如果发生这些不可抗力的因素，使农户面临较大的损失，直接影响农户对贷款的偿还。从农业价值链视角来看，直接融资模式中，价值链中只有农户，农户生产的农产品的市场无法保证，农户从银行获得资金支持，扩大生产规模，若忽略市场的变化或对市场需求预测不准，容易出现农产品“丰年价低”的现象，农产品销售出现问题，从而增加了农户不能偿还贷款的风险。

在小农经济下，就农户联保贷款农业融资模式而言，其面临的风险主要表现在联保小组组建及维持所面临的风险，联保小组的道德风险，筛选小组成员不谨慎造成的风险等。从农业价值链视角来看，小农经济下农户联保贷款融资模式中，农业价值链还仅处于生产环节的农户，并没有向趋于市场需求的方向扩展，其风险如同直接融资模式，市场的变动容易引起农户联保小组的不稳定及其偿还贷款的风险。

小农经济下，就“公司＋农户”农业融资模式而言，该模式无法保证农产品质量，容易引起公司加工的产品质量问题，或在对外贸易中面对严格的贸易壁垒错失更大市场机会的风险；从农业价值链视角来看，虽然“公司＋农户”模式扩大了流通渠道，延长了价值链，但是农民仍然处在价值链的末端，价值链链条较短，不稳定，易受各种因素的影响，其中在市场大环境不好的情况下，极易出现公司违约的风险，农户相对于公司来说力量薄弱，难以抵制这种风险，从而使这一价值链出现断裂，这一价值链链条的断裂将会给农户带来巨大的风险。

总之，由于小额农户贷款涉及面广、地域分散，金额小、笔数多，管理工作量大，农村金融机构按照以上这些传统的农业融资模式发放农业贷款的成本较高。同时，农业生产的季节性、周期性较强，更多地受到农业灾害和自然条件的影响，因此农户的违约风险较高。

## 三　农业产业化经营中价值链各环节的融资分析

基于农业价值链视角将农业产业链分为三个基本环节，农产品生产环节、农产品加工环节、农产品流通环节。在我国的农业产业化经营发展中，这三个环节主要表现出各自为政，难以衔接的现状，容易出现“菜贱伤农”等现象，各环节资金收回没有保障，从而影响各环节的融资能力。

### （一）农产品生产环节融资

在我国农业产业化过程中，我国农产品生产环节主要表现为分散生产，盲目生产的特点，并且农户自身在资金与技术上都有较大的局限性，农户自身的特点决定了其融资能力较弱。近年来我国对农业支持力度进一步加大，大量的资金支持流向了农产品生产环节。然而，生产环节中的农户单纯考虑生产，盲目跟风，而忽视对市场需求的考察，在产量大幅度提升的情况下，农产品供给量过大，出现生产过剩现象，容易导致产品的滞销。生产环节所生产的农产品与市场需求不匹配，农产品销售难，资金难以收回，使金融机构对生产环节的资金支持难以收回，降低其信用等级。

“龙头企业＋农户”由于价值链内部利益联系机制不完备，企业与农户之间利益纽带比较脆弱。只有二者拥有共同利益时，才会形成稳定的利益联系。当有利可图时，其中一方可能会因为趋向更高利益而不顾缔结的关系，最终破坏合作。另外，由于订单合同内容不完备，模棱两可，运作不规范是导致违约现象发生的重要原因。龙头企业的订单合同都包含了收购价格、收购时间、质量标准这些基本条款，但是这些条款过于粗糙，对于产品质量、数量、价格等风险各自承担的权利义务分配不明，不能灵活地适应快速多变的市场，合同成为一纸空文，同时只有少数龙头企业含有完善的保障条款①。

### （二）农产品加工环节融资

农产品加工环节在农业价值链中衔接着农产品生产环节和农产品

① 袁立璜：《基于订单农业下的贸易信贷融资机制研究综述》，《世界农业》2010年第6期。

流通环节，因此，处于农产品加工环节中的企业在生产中不仅要考察下游农产品加工出的产品的市场需求，还要确保上游有安全的和质量保证的农产品的供给，忽视任何一端都将使加工环节受阻。农产品加工环节涉及的融资主体主要有农产品中小加工企业和农业龙头企业，在农产品加工环节，农产品中小加工企业占较大比例。农产品中小企业和农业龙头企业虽均处于加工环节，但融资能力表现出极大的差异。

农产品中小加工企业现有的获得资金的支持主要有两种途径：一是在获得订单时，以订单为抵押获得银行等金融机构的贷款；二是以设备、厂房等固定资产做抵押获得银行等金融机构的贷款。由于农产品中小加工企业自身的弱质性，使其融资没有保障。在农业产业化经营过程中，农产品中小加工企业面临着以下尴尬的局面：一方面，农产品中小加工企业在没有科学调研市场需求的情况下盲目生产，以致产品难以满足市场需求，形成无效供给；另一方面，农产品中小加工企业在获得订单时难以采购到符合质量和安全要求的农产品，加工原材料的供给不足或不符合要求使得订单难以按要求完成，使农产品中小加工企业回笼资金困难，融资能力进一步降低。

农业龙头企业在农产品加工环节中起到支柱的作用，农业龙头企业在信用等级、资产实力等方面均优于农产品中小加工企业，其融资能力较强。然而，观察现在的市场环境，不是由供给决定市场，而是由需求决定市场。龙头企业要以其雄厚的实力对市场需求做充足的调查，根据市场需求加工农产品。在龙头企业加工环节，影响其生产的是获得合乎质量要求的农产品较难，突出表现在农产品生产环节与农产品加工环节的脱节，降低了农业龙头企业的融资能力，阻碍农业产业化经营的高效发展。

### （三）农产品流通环节融资

农产品流通环节是农产品需求市场与农产品生产的纽带，作为农业价值链的重要一环，其运作效率和效果直接决定着农业价值链整体的获利能力。然而，农产品流通环节并没有获得该有的资金支持。农产品流通环节与市场紧密相连，对市场需求较其他环节而言把握较准，纵观现在农业产业链的发展，由于农业价值链各环节的独立存在，使农产品流通环节的企业在寻找满足市场需求的农产品时浪费较多的时间和财力，同时存在找不到符合市场需求的产品，加大了其经营风险，阻碍其发展，使其融资能力降低。除此之外，银行等金融机构对农产品流通环节的资金支持力度较小，农产品流通环节的主体较多使用自有资金经营，尤其小户经营者获得的资金支持更少。

基于农业价值链的视角，通过对上述农产品生产环节、加工环节和流通环节融资的分析，可以发现推进农业价值链的构建是我国农业产业化经营发展的必要选择。构建有效的农业价值链，以市场需求为导向，农业价值链各环节围绕市场需求高效运作，为市场提供有效供给。同时，推进农业价值链融资机制不仅使农产品价值链各环节获得农产品价值链外部的资金支持，还可以获得农产品价值链内部融资，扩大各环节融资渠道。

## 四　农业产业化经营中价值链各环节融资存在的问题

### （一）信贷资金融资期限短不能满足农业生产发展需要

在农业产业化经营过程中，农业价值链各环节共同存在的融资问题是信贷资金融资期限较短，不能满足其需求。就农业价值链自身的特点来说，从基本价值链的播种、收获环节生产农产品初级产品到农产品的一次加工、二次加工甚至深加工，再到农产品的销售环节；辅助价值链的农资种源的供给、农用机械设备和综合技术开发的支持和供给等，从前端的资金投入到末端的资金收回需要的时间较长，这就决定了价值链各环节融资主体对资金需求的期限较长，与现有的农业信贷资金支持期限较短形成矛盾。因此，金融机构设计适合农业价值链各环节不同融资主体不同期限结构的金融产品是亟须解决的问题。

### （二）农业价值链中各环节融资不均衡

对农业价值链中各不同环节融资主体的金融支持不仅影响着该环节的生产、经营和收益，对其他环节的融资主体也产生影响。如果农业价值链的某个环节因资金支持不足影响其自身的经营与发展，那么整个农业价值链链条中的其他环节也会受到影响，使农业价值链的整体效益降低①。对现有的农业价值链融资进行分析就会发现现有农业价值链各环节融资不均衡的问题。在农业价值链融资中，对价值链前端的生产融资和价值链后端的销售等融资较多，而对处于农业价值链中间环节的加工企业资金支持不足。由于农业加工企业多为中小企业，其中小企业的发展特质限制了其融资能力，从而影响整条农业价值链的整体效益，出现了“菜贱伤农”“谷贱伤农”等现象。因此，农业价值链各环节融资不均衡，其结果是农户增产不增收，金融机构资金难以收回，信贷风险加大；农业价值链各环节融资不均衡也使农业价值链的稳定性减弱，甚至出现农业价值链链条断裂现象，给融资的金融机构带来较大的风险。

### （三）现有农业金融管理体制的不健全

在农业价值链融资过程中，健全的农业融资管理制度是保证农业价值链融资有效性的制度保障。良好的农业金融管理体制不仅能够为农业价值链融资提供良好的环境，还对不断创新融资手段，扩大资金来源具有良好的保障作用②。然而，我国农业金融管理体制不健全主要表现在：一是政府的引导机制不健全。政府主要偏重于对大型和中型的社会性农业建设性项目，而对中小型农业加工企业的融资引导性较差。二是资本市场利用程度较低。在现有的资本市场中，利用资本市场获得融资的农业企业大多集中在较少的大型农业龙头企业，而

① 任常青：《价值链融资及其对农村信用社扩展金融服务的启示》，《中国农村信用合作》2009 年第 7 期。

② 王清川：《我国农业融资困境和体制创新策略》，《农业经济》2012 年第 6 期。

有许多成长性较好的农业深加工中小企业很难在资本市场获得资金支持。三是涉农的政府投融资平台不完善。政府在与金融机构合作，推动银团对支农信贷领域的合作，引导社会资本投向等方面的支持力度不够[①]。四是农村正规金融机构在农村地区的布局不合理，不能满足农业产业化经营发展过程中的需要。

### （四）价值链各环节融资模式相对单一

我国农业价值链融资模式相对单一，主要是“公司+农户”价值链融资模式。融资模式的相对单一限制了农业价值链的发展和农业价值链各环节融资主体获得资金支持和其他金融服务渠道的多样性。融资模式相对单一的原因不只是银行等金融机构的产品创新不足，金融支持力度不够，农业价值链自身发展的稳定性也是直接制约价值链融资模式相对单一的原因。因此，在推广农业价值链融资模式的过程中，不仅要着眼于金融机构的资金支持和产品创新，还要从农业价值链自身发展的稳定性出发。

### （五）设施农业融资支持力度不够

在我国农业产业化经营过程中，不同农业价值链均在不同程度表现出了设施农业建设融资支持结构不合理的问题，不合理主要表现在：第一，政府在设施农业融资中的功能定位不清。农业融资中政府发挥的作用是既不能越位把资金注入市场竞争中的实体，又不能缺位不尽监管和服务职责。第二，对政策性信贷依赖性过强。这说明设施农业主要依靠政策性的信贷支持，外生融资渠道过于单一，且获得的内生融资总量小，限制了设施农业的发展。第三，设施农业融资链条不完整，不利于企业资金的有效介入。设施农业的完整融资链条应该是“龙头企业+信用担保公司+银行+农户”的模式[②]。而现有的农

① 王清川：《我国农业融资困境和体制创新策略》，《农业经济》2012 年第 6 期。

② 李彩霞、李艳萍：《设施农业融资困境：经济学视角的理论反思》，《中国农业会计》2011 年第 6 期。

业价值链设施农业融资的担保是政府担保，而不是商业担保，从而使最终的信贷风险承担落入了农民的肩膀。

## 五　农业产业化经营中的融资——以河北省为例

### （一）河北省农业产业化的现状

河北省从农业大省向农业强省转变的重要突破口是农业产业化。2013 年，河北省围绕建设现代农业和带动农民增收的目标，以市场需求为导向，以加快转变经济发展方式为主线，完善经营机制，发挥特色产业优势，不断加大政策扶持和服务指导力度，加强项目建设促进科技创新，使河北省农业产业化经营保持平稳较快发展。河北省各地充分发挥当地的资源优势，带动投资，推动农业基地发展，支持壮大龙头企业，促进农民增产、农业增效，实现农业产业化经营的快速发展。全省农业产业化经营总量突破 6000 亿元，达到 6147. 8 亿元，比上年增长 14%。全省农业产业化经营率达到 63%，比上年提高 1. 5 个百分点。

2013 年，河北省龙头组织总数发展成 1837 个。其中，龙头企业，比 2012 年增加 167 个，占龙头经营组织总数的 84. 6%。龙头经营组织实现销售总额 3108. 9 亿元，比上年的销售额增长 14. 3%。其中龙头企业销售额达到 2861. 9 亿元，比上年增长 14. 6%。

促进农业生产规模化、科学化、标准化，增加农户经营收入的重要载体是农产品生产和农业加工基地，也是龙头企业发展的主要原料来源。2013 年河北省农产品生产（加工）基地的数量得到突飞猛进的发展，农产品生产（加工）基地 667 个，销售产值 3038. 9 亿元，比上年增长 13. 6%，农产品生产（加工）基地联系农户数 852. 5 万户。种植业生产基地 366 个，比上年增长 7. 6%，实现销售产值 1552. 7 亿元，比上年增长 16%，种植业生产基地联系农户数 583. 3 万户；养殖业生产基地 271 个，比上年增长 4. 6%，实现销售产值 980. 5 亿元，比上年增长 8. 6%，养殖业生产基地联系农户数 239. 2

万户；生产加工基地34个，实现销售产值505.8亿元，比上年增长16.7%，生产加工基地联系农户数30万户（见表4－1）。

农业产业化经营的不断发展，使农业生产工业化、田间生产车间化，从而带动了一大批农户的积极参与，促进了农户增收。

表4－1 2013年河北省农业产业化数据

| 指　标 | 单位 | 2013年上半年 | 同比增减（%） |
|---|---|---|---|
| 农业产业化经营总量 | 亿元 | 6147.8 | 14 |
| 农业产业化经营率 | % | 63.0 | 1.5 |
| 龙头经营组织个数 | 个 | 1837 | 10.5 |
| 龙头经营组织销售额 | 亿元 | 3108.9 | 14.3 |
| 龙头企业（集团）个数 | 个 | 1555 | 12.0 |
| 龙头企业销售额 | 亿元 | 2861.9 | 14.6 |
| 专业批发市场个数 | 个 | 126 | －0.8 |
| 专业批发市场销售额 | 亿元 | 222.7 | 11.6 |
| 中介服务组织个数 | 个 | 156 | 6.1 |
| 中介服务组织销售额 | 亿元 | 24.3 | 5.2 |
| 农产品生产（加工）基地个数 | 个 | 667 | 5.4 |
| 农产品生产（加工）基地销售产值 | 亿元 | 3038.9 | 13.6 |
| 农产品生产（加工）基地联系农户 | 万户 | 852.5 | －3.7 |
| 种植业生产基地个数 | 个 | 366 | 7.6 |
| 种植业生产基地种植面积 | 千公顷 | 2457.4 | 17.2 |
| 种植业生产基地销售产值 | 亿元 | 1552.7 | 16.0 |
| 种植业生产基地联系农户数 | 万户 | 583.3 | －1.3 |
| 养殖业生产基地个数 | 个 | 271 | 4.6 |
| 养殖业生产基地销售产值 | 亿元 | 980.5 | 8.6 |
| 养殖业生产基地联系农户数 | 万户 | 239.2 | －8.3 |
| 生产加工基地个数 | 个 | 34 | 0.0 |
| 生产加工基地销售产值 | 亿元 | 505.8 | 16.7 |
| 生产加工基地联系农户数 | 万户 | 30 | －10.7 |

## （二）河北省农业产业化经营的融资支持

河北省目前农业产业化经营主要有两种经营组织模式即“公司＋

农户”模式和合作社模式。而这两种模式在不同的时间和空间的条件下又会产生许多具体的形式。例如，“公司＋农户”“公司＋中介组织（主要包括合作社和农业协会）＋农户”“公司＋基地＋农户”等模式。农产品产业化各个阶段的融资扩大了农产品的生产规模，把小农户和大市场有机地联系起来，促进农产品的增值。

1. 农业生产资料阶段的融资支持

农户进行农业生产首先需要的是农业生产资料从农作物方面来说，如土地、种子、化肥、农药、生产设备和技术等；从养殖户方面来说，如饲料、棚户等。由于农村地区相对贫困，且剩余劳动力较多，农产品受自然因素的影响较大，农户的信誉较差等原因，农户很难从金融机构筹集资金，因此生产资料的缺乏影响着农业生产规模的扩大。以龙头企业为主导的“公司＋农户”的模式为例，农户和龙头企业签订生产销售合同，龙头企业负责收购农产品，这样形成了农户和公司的利益关系，同时公司为了保证获得优质的农产品，不但会为农户提供贷款，还会为其提供种子、肥料甚至为农户定期进行专业的技术指导，这样既满足了公司对农产品质量的要求，也为农户提供了资金支持。

在河北省的一些地区，支持农业发展的龙头企业较少，规模也相对较小，资金相对短缺，为农户提供的资金支持相对较少，为了满足农户的生产资料的资金需要，产生了另一种外部融资的方式，即，龙头企业向金融机构推荐信誉较优的农户，并为其提供担保，使农户从金融机构获得生产的资金，这样既减轻了龙头企业的压力，又使农业生产规模得到发展。

例如，河北省鹿泉市地处华北大平原这一优势地带，是优质的玉米种植地带，水草丰美，适合奶牛的生长，在这一广大的农村地区，剩余劳动力充足，但是资金却相对短缺，农村地区的金融业发展相对缓慢，农民想从金融机构贷到资金是比较困难的。君乐宝企业作为乳品价值链的龙头企业正是为农户解决了资金短缺的难题，为农户提供类似于金融机构的贷款方式。公司和农户签订了购销合同的同时，还为农户提供给了资金支持而且在辅助奶站、奶厅的奶农、养殖户日常管理，并为其提供大量技术支持和帮助。同时，为了提高奶站的日常经营水平，君乐宝还会派人定期对奶站进行日常巡查和帮扶。在技术支持层面，君乐宝乳业为了确保乳制品的安全，定期向奶农推广最新养殖技术，这使企业和奶农获得了双赢。

2. 农产品的加工阶段的融资支持

把农产品推向市场最关键的一步就是对农产品进行加工，使其成为适合市场需要的产品。在各种产业链经营模式中，负责农产品加工的主要是公司（龙头企业），加工企业也急需资金的支持来保证其运营，加工企业不仅要对上游农户进行资金技术的支持，还需要购买加工设备，提高科学技术水平。河北省县域生产加工农产品的公司较少，规模也较小，进行大规模的生产会造成资金的短缺，从而不利于企业的经营。现阶段农产品加工企业进行融资的方式主要有两种：一是对上游农户和下游销售企业的赊销，由于产业链上每个节点的主体都需要资金的支持，所以加工企业的赊销方式并不是长久之计；二是从金融机构贷款，这是企业进行融资的普遍途径，金融机构一般都会选择规模较大，信用良好的大企业进行融资，而中小加工企业大多会选择用厂房抵押或者机器设备做抵押，换来较少的资金支持。

例如，河北赵县被誉为“中国雪花梨”之乡，赵县对雪花梨的种植和栽培历史悠久。全县梨果林面积多达 25 万亩，年产梨果超过 5 亿公斤，梨果产业总产值达 25 亿元以上。旭海果汁有限公司年加工雪花梨近万吨，带动发展基地 7000 亩、果农 1800 户，梨农年增收 280 万元。农民和旭海公司签订合同，旭海公司为保证梨农的供应为其免费提供种植技术，但是技术的支持需要资金，由于农产品收入不稳定，自然风险的不可控性，旭海公司在作物歉收时会造成资金短缺。赵县的信用社和农业银行为公司的发展提供了资金支持，公司会以应收账款或者厂房为抵押获得小额贷款，但由于梨果行业的高风险和不稳定，金融机构提供的资金往往比较少，这在一定程度上也制约了农产品加工的发展。

3. 农产品销售阶段的融资支持

目前，商业超市越来越成为消费者购买商品的重要场所。拓展超市这一途径成为解决农产品销售问题最主要的方法。“农超对接”是农产品销售的典型方式，大型超市，有广大的消费群体，拥有雄厚的资金，超市对农产品的需求使农产品可以源源不断地流向市场，同时缓解了农产品生产企业的库存压力。同时超市还会配备冷藏保鲜专用车，专门运送农产品，减少了农产品生产企业的运输成本，侧面为其提供了资金的支持。

2013年，河北省开展“农超对接”的连锁经营企业共有59家，参与对接的农民专业合作社达到1100个，生鲜农产品的销售额达到34亿元，其中农超对接采购额占到一半以上。河北省平泉县为解决农民卖菜难的问题，鼓励、支持并引导农民成立专业合作社，并使合作社与大型连锁超市、集贸市场以及社区便民店等建立长期的规范性合作关系。“农超对接”主要是由商务局牵头，协调县供销社、农牧局共同开展的，实现大中型零售企业跟农村合作社签订合同，农民种的蔬菜可以直接送往乡镇的蔬菜合作社，再由超市统一收购，直接进入超市。超市对农产品的收购有效地减少了农产品的库存，及时为农户提供了再生产的资金，也相对缓解了农产品生产环节的资金短缺问题。

### （三）河北省农业产业化融资制约因素分析

#### 1. 河北省农业产业化融资的金融制约因素

推进农业产业化，把农产品推向市场，是农产品各个产业链环节进行价值增值的过程，资金的需求贯穿于产业链的始终。因此，资金的支持是发展农业的关键。河北省是农业大省，分析河北省农业产业链金融制约因素，对河北省农业发展具有重要意义。

（1）农业产业链中融资渠道的缺失。农业金融资源始终是稀缺的，需要多种渠道的资金来源。支持现代农业发展的融资体系为了满足不同层次的需要，应既包括直接融资也包括间接融资，既有有偿资金也有国家无偿补助。然而，目前我国支农资金有偿融资来源除了金融部门的信贷资金，几乎没有其他融资渠道。提供信贷资金的金融部门中又集中于农村信用社，有限的信贷供给根本无法满足现代农业发展的需要。同时，现有的农村金融机构还普遍存在经营机制僵化，结算手段落后，业务种类少等长期难以化解的一系列问题，更加弱化了金融服务的功能。据统计，河北省中小企业中约12.2%的流动资金来自银行贷款，雇员少于20人的小企业来自银行贷款的流动资金仅有2.3%，农业小企业从银行获得的资金更是少之又少。河北省省银行业机构涉农贷款余额占各项贷款的比例仅为30%左右，而且各银行业机构涉农贷款的地区分布不平衡，差异较大。主要集中在唐山、石家庄、保定和邯郸，在11个地区中这四个地区占全部涉农贷款总额的一半以上。

伴随着农业银行和其他国有金融机构的分支机构从农村撤出，使得农业银行更倾向于支持那些数量很少但信用级别较高的大型产业化龙头企业，如君乐宝乳业、今麦郎食品、承德露露等。而农户很少能够从农业银行贷到款项，他们的信贷来源主要是农村信用社，在某种意义上，农户信贷市场实际上是一种卖方垄断市场。而对于中小企业来说，规模较小，议价能力较弱，信贷满足率也比较低。

由于农业产业链各个阶段的贷款难问题日益突出，这使得民间融资逐渐活跃起来，成为农业产业化的一个融资渠道。但是民间融资缺乏合规的管理，缺少正规的程序和手续，很容易引起债务的问题，破坏金融秩序，因此受到国家的严格管制。农户和龙头企业运用这种融资方式，缺乏保障，风险大，不利于农业产业化的发展。

（2）农业产业链中资金需求者融资的缺陷。农业生产的长周期、高风险和低收益使得金融机构不愿承担高风险来进行融资支持，同时广大农村地区，农民受教育程度较低，对还款信用意识淡薄，据调查，河北省农户从正规金融机构借款的还款率为21%，而从其他方式借款的还款率为79%，其中能够按期还款的仅占22.9%。而且现阶段农村土地没有抵押担保权，县域也缺少担保组织，虽然农机具、林权、厂房、设备、农产品等可以抵押，但应用的范围较少，而且抵押的程序复杂、收费较高。因此，农户的还款率低、抵押担保品不足使得金融机构对农户的贷款十分谨慎。同时农户自身由于信贷知识的缺乏，大约只有10%的农户在生产资金短缺时向银行贷款，而大部分农民会选择从亲朋好友或者非正规的民间金融机构进行融资。农户的向正规金融机构贷款的消极态度，也是正规金融机构远离农民的原因。

河北省农村大型涉农龙头企业较少，中小型企业在农业产业链中占据重要地位。当前中小龙头企业的资金来源分为两种，即外部融资和自有资金。企业的外部融资渠道分为直接融资和间接融资两种。直接融资又分为外部自然人和企业入股、企业从债市和股市筹资及企业民间借贷等主要形式。而企业通过股市等资本市场融资的可操作性较小，是因为能在股市融资的只能是中小企业中的少数佼佼者，而现阶段还没有专门的创业板块来支持中小型农业企业，能够上市的农业龙头企业也较少。河北省 1172 个农业产业化龙头企业中，年销售收入超过亿元的有 200 家，占龙头企业总数的 17.1%；超过 10 亿元的有 13 家，占龙头企业总数的 1.1%。而河南农业产业化龙头企业有 15 个产品获得“中国名牌产品”称号，比河北省多 6 个。河北省龙头企业的规模较小，企业自主研发的资金投入不足，产业链条短，产品附加值低，新产品的市场推广力度小，小企业的经济实力较差，科技水平较低；自有资金较少，流动性资金不足，抗风险能力弱；资信等级较低，信用地位不稳定，财务纰漏不透明等，这些构成了涉农中小企业融资的内在弱质性，使其难以满足融资需要。

（3）金融监管的不健全。农业贷款的分散性和隐蔽性，使得金融机构难以进行监管。非正规的借贷机构乘虚而入，利用手续简便，利率低，融资快等特点吸引了许多金融需求者，挤压了正规金融机构在农村中的业务，也为农村融资带来了风险。由于缺乏内部的制度控制，容易引起借贷双方的纠纷，借贷的金额一般较小，但是涉及的人员广泛，且多发生在农村基层，贷款的用途也不容易控制，易造成违法犯罪的发生。

目前河北省农村的民间借贷案件逐年上升。以河北省唐山市为例，2012 年前三季度，路北法院共受理了 197 件民间经济纠纷案件，其中有 134 件是因为民间借贷而进行的诉讼。其中有 65 件的标的额为上百万元，约占收案总数的 33%。所以，必须加大力度监督资金的流向，加强金融监管机构对非正规金融机构的监管。

（4）农业保险的缺失。河北省是农业大省，农业生产经营很大方面会受到自然灾害和畜禽疫情的影响。全面有效的农业保险是农业产业健康有序发展的保障。目前，农业产业化的快速发展使许多种养大户认识到保险的重要性，但投保无门的现象经常发生。这是因为在我国商业保险经营模式的制定很大程度上影响了农业保险的经营模式，商业保险公司以盈利为主要目的，他们不敢也不愿承担风险巨大的农业保险责任。中国人保财险公司在1982年开始经营农业保险业务，发展最迅猛的时期可达60多个险种，但高达116%的赔付率，使得农业保险一直严重亏损。1996年中国人保财险公司向商业性保险公司转化后，大面积的农业保险开始萎缩，而且仅小麦收割期火灾险这一种保险就占了80%的业务。目前河北省只有大地保险公司和中华联合保险公司等数量较少的公司经营农业保险业务。而且较高的保费也限制了农业保险的发展，一些农作物的保费率竟高达10%，这对收入微薄的农户来说无疑是一笔不小的负担。这种不健全的农业保险，根本不能满足广大农民对农业保险的迫切需求。

再加上农民的保险意识淡薄，较低的经济收入限制了投保能力，而且在灾害面前依靠政府救济的思想依然存在。对河北省农业保险的需求的调查显示：在251个农户中，只有12.4%的农户认为有必要购买保险[①]。据统计，农业保险按农业受灾损失率制定的保费率一般为8%—15%，而农民可以承受的保费率仅为4%，因此保费远高出农民的经济承受能力。

河北省目前的农业险处在一个尴尬的局面——如果按商业化操作的要求制定保险费率，农民付不起；可是要按农民可以接受的保险费率，保险公司赔不起。购买保险的农户越少，需要付出的保费就越高，这就使农业保险陷入了一个死循环。在农业的高风险面前，银行只能对风险进行管理而不可能真正将风险转移。如果农户缺少抵押品，银行则不敢发放贷款。所以，构建一个强有力的农业保险体系来给予银行相应的利益补偿是十分必要的。

---

① 郭志艳、李国芹、孙建春：《河北省农业保险发展中存在的问题》，《现代营销》（学苑版）2011年第5期。

（5）农村金融服务体系不完善。现有的农村正规金融服务体系不能适应农业产业化的发展。农业发展银行资金来源渠道狭窄，难以承受农业发展需要的巨大的资金压力；农业银行在农村网点减少；农村信用社一般发展的小额信贷贷款额度低，而且贷款审批过程较复杂，贷款需要担保或抵押，远不能满足农村产业化经营的融资需要。农村的金融机构的支持政策很少涉及农村基础设施，如农田水利、仓储等。由于审批权限的上收以及资金外流，正规金融机构主要将有限的资金投放在支持农业产业化的企业和农户的生产经营上，很少为发展农村产业化的基础设施建设而发放贷款。商业化的农村金融机构不能有效改善农民及龙头企业的融资环境。商业银行在农村主要发放质押贷款，由于农村地区生产要素市场发展滞后，农民能够向银行提供的符合要求的抵（质）押物品非常少，这阻碍了他们获得银行贷款。当商业金融机构向布局分散的农户提供服务时，由于受到规模效益和风险制约，很难实现较高利润。而且农村的龙头企业大多数规模较小，信息不透明性，财务制度不健全，大银行无法对其各方面的情况进行详细了解，从而增加银行对农民贷款风险的难度和银行系统面临风险的概率。商业金融机构以盈利为目的，主要目标是争夺规模较大和风险较低的资源，而不是规模小和抗风险弱的农民和中小型企业。因此，这种金融服务体系的缺陷阻碍了农业价值链的融资。

2. 河北省特色农业产业链融资外部制约因素

（1）农业组织环境

在“公司+农户”的这种组织模式中，把龙头企业和农户或者农业产业化生产基地联系起来的是契约（合同）。龙头企业与农户签订合同，规定双方的权利和义务，这种组织方式既保证了农户的利益和生产的独立性和自主性，又适应市场网络和农副产品加工销售的规模性，给双方带来了利益。然而，这种组织形式缺乏稳定性，契约约束的脆弱性和协调上的困难是这种组织的内在缺陷①。当市场中的农产

① 崔春晓、邹松岐、张志新：《我国农业产业链组织研究综述》，《世界农业》2013年第1期。

品的收购价格高于龙头企业约定的价格，农户就可能会因为个人利益而违约，从而使龙头企业无处获得农产品进行加工，融资困难面临破产；反之，农户会造成农产品的积压和腐烂，缺少继续生产的资金。所以，这种组织形式中如果一方违约，则价值链就会发生断裂，农户和企业得不到对方的支持，造成融资困难。当协议价格低于农产品市场价格时，由于农户的信用意识淡薄，他们可能会毁约把产品卖向市场。例如，河北省定州市大鹿庄乡农业技术推广协会 2003 年以 60 元/千克保护价收购黄瓜种子，由于市场价格的变动农户违约以62—64 元/千克供应市场，结果协会不能完成上游企业的收购任务，第二年上游企业终止了收购合同，使协会和农户都蒙受了巨大损失。当协议价格高于市场价格时，企业也可能毁约降价收购。比如，河北省农户的“倒奶事件”，由于市场不景气，牛奶厂家压价拒收鲜奶，导致养牛户“倒奶事件”的发生。双方的趋利心理和缺乏科学有效的利益联结机制使合约的约束力下降，双方缺乏信任，不能发挥“兵团作战”的合作优势①。

合作社组织模式，以“公司 + 农民合作经济组织 + 农户”的模式为例，农民合作社是由政府或者是一部分农户设立发展起来的，它立足于小农户对接大市场，围绕节约谈判成本、签约成本、履行成本和组织成本，将专业种养农户组织起来，共同应对市场，通过分工组织农户参与产业化经营，在与公司协作中延长产业链增加利润并使农户得到应得的利润。由于现阶段河北省农民的合作意识较低，农民的资金短缺，使得合作社成立的积累资金较少，规模小，进行集体购买生产资料的议价能力缺乏，为农户提供的技术支持较少，也不能为农户提供贷款的抵押。一些种养殖大户参与到合作社为其提供初始资金，但是由于合作社的利益分配机制的不完善和一部分政府的参与，使得种养大户的利益得不到保障，丧失了积极性。河北省农业合作社的这些运行障碍，阻碍了农业价值链的增值。

---

① 马永青：《河北省农业龙头企业技术创新扩散的研究》，《安徽农业科学》2008 年第 7 期。

（2）农业政策环境

随着国家对农业重视程度的提高，相继出台了多种农业补贴的政策，如税收减免、贷款利益优惠、资金支持等。这些在一定程度上能够缓解农业产业化资金短缺的现状，但是这些政策的实施存在缺陷。农业补贴并不能满足大型的龙头企业的资金需求，政府对发放农业贷款的金融机构（农业发展银行或者农村信用社）提供财政补贴，但是商业银行为了保证贷款质量又不愿向农业企业贷款。由于农业生产的季节性，大多数支农贷款的期限也存在季节性，但是随着现代农业的发展，农业产业化的经营需要持续的资金来支持，以往的贷款期限已经不能满足农业生产的周期，可用资金的减少，影响了农业价值链融资。

近几年国家实行取消农业税政策和发放种粮补贴等措施在减轻了农民负担的同时，过快上涨的农资价格（如农机具、化肥种子等）却阻碍了国家惠农政策的发挥。在河北省保定市定州蔡家庄村，全年每亩地国家补贴 81 元，但根据作物的习性一年至少要施 3 次肥（小麦 2 次，玉米 1 次）。如村民常用的“安徽六国复合肥”，2011 年每袋为 15 元，2012 年每袋为 175 元，这样每亩地的种地成本增加了 180 元，远远超过了国家对农地的补贴。当前河北省农业补贴主要包括良种补贴、粮食补贴、农资综合直补、农机具购置补贴等方面。尽管各县良种补贴已全面落实并稳步推进，但大部分地区补贴品种单一，一般只限于小麦或玉米，农户选择的空间较小，不利于农业产业结构的调整；良种补贴基本维持在 10 元/亩，但是种子价格远远高于补贴资金，而且良种补贴的覆盖面小，加大了良种的推广难度。同时，由于良种价格偏高，部分农民仍愿意采用自留种子减少种植成本。虽然河北省部分山区县宣传了农机补贴等政策，但目前的农机补贴主要是针对大型农机，如省级专项资金用于补贴收获机械、耕作机械、种植机械以及大中型拖拉机等六大类 20 个品种的农机具。而山区县以山地为主，地块面积比较小，很难使用大型农机具进行生产，而国家的政策并没有对农户的小型农机具提供补贴。

（3）农业技术环境

农业技术问题归根结底是资金短缺和人才稀缺的问题。科技的创新需要人才和资金的支持和投入。农产品的生产加工和销售环节都要靠技术的支撑，农产品通过技术的加工增加附加值，拉长价值链。河北省现阶段从事农业生产的劳动力大部分为40岁以上的农民，应用新技术的积极性较差；由于我国农村经济发展水平的限制，农民的生产活动还仅限于从作物的种植、收获到出售产品，灵活性差，对资金的运用缺乏经验，对贷款融资的认识较少，信用度较低。农业专业性人才流向城市，进一步阻碍了农业技术的发展。

涉农龙头企业技术推广人员缺乏，综合素质低，服务意识差，造成整体的技术服务水平低，对技术推广的质量造成严重影响。很多涉农龙头企业为吸引农户，在产前进行广泛宣传，而产中产后的技术服务不到位导致农产品合格率低，不但农民利益受到损失，而且影响到涉农企业信誉。河北省对农产品的加工主要为初级加工，二次以上加工比例占30%以下①。以玉米为例，吉林省部分企业对农产品的加工已达8个层次，而河北省绝大部分一次加工成饲料或淀粉，层次最高的健民淀粉集团加工出的产品才达6个层次。目前，欧美发达国家农产品加工增值比已达3：1以上，而河北省仅为1：1。

农村信息化的程度较低也限制了价值链的融资渠道，信息化和网络化的发展使得产品的交易方式、市场形态、市场空间都发生了变化，可以根据市场行情的变化提供产品，从而有效规避农产品产业链的市场风险。但是河北省农村的信息化覆盖程度低，对行情了解少，获得的融资渠道少，成本资金难以收回，不利于扩大再生产，从而影响整个价值链的融资。

（4）农产品质量和安全标准

农产品的质量保障是其进入市场的前提和基础，影响农业产业化经营的关键问题是质量安全问题。但是，农产品生产主体众多，经营

① 马永青：《河北省农业龙头企业技术创新扩散的研究》，《安徽农业科学》2008年第7期。

规模小，种养分散，用药用肥的数量和质量不规范，农民防病治虫不及时，而且，解决农药、兽药等农业投入品的乱用滥用问题存在很大难度，教育农民规范化生产管理的任务重。农业产业化链条短，生产经营者不能承担起保证质量安全的责任，许多加工流通企业也没有将种养等农产品生产环节进行严格把关，农产品质量安全进行全程监管很难落实。在科技的迅猛发展，工业化进程加快的现代，农业生产方式也随之发生快速而明显的改变，农产品种养环节逐渐被一些闻所未闻的化学物质和非食用物质渗透和入侵，如孔雀石绿、三聚氰胺等有毒有害物质悄然侵入了我们的食物链，农产品外源污染风险日益增多①。

河北省是华北地区的农业大省，其中在农业产业中占有重要地位的是粮食、禽蛋、果品、奶类、菜类和肉类等，同时河北省也是向北京供应农副产品的大省，因此确保供应数量充足和质量安全可靠的农产品意义重大②。许多龙头企业就是因为质量安全问题陷入绝境，2008 年河北省的三鹿集团因“三聚氰胺”事件被迫倒闭。龙头企业作为价值链上的最重要的环节，其倒闭致使整个价值链陷入瘫痪，农产品滞销，还导致了农户融资困难等一系列问题。

我国 2006 年《农产品质量安全法》明确规定“农业行政主管部门负责农产品质量安全监督管理工作”，2009 年《食品安全法》明确规定“食用农产品的质量安全管理遵守《农产品质量安全法》”，然而农业部门缺乏手段、缺少队伍，在农产品质量安全监管的落实中出现了断层。加之，我国政出多门，部门之间难以形成有效的协调机制，农产品安全监控的奖惩体系还不完善，农产品加工过程的很多环节缺少严格的管理把控，从而增加了农产品加工环节的质量风险。

---

① 王志军：《河北省贯彻实施《农产品质量安全法》和《食品安全法》的实践与探索》，《农业质量标准》2009 年第 6 期。

② 同上。

# 第五章

## 农业价值链融资的基本框架

在消费者追求更高价值、更多产品、稳定质量和安全标准的需求驱动下，农业领域正向极具竞争力的现代化农业发展演变。消费者需求的农产品种类和生产、运输方式始终快速变化着，生活方式和农产品物流运输的改变以及确保农产品的长期安全，使得从农场到消费者的餐桌上的过程，涉及复杂的加工过程和专业技术，以及许多相关参与者。这些参与者包括生产者、交易者、加工者、经销商和银行以及服务商等，这些环节和参与者不断满足消费者的需求，在此过程中的投入或所提供的服务产生了附加值。所有这一切活动可以用一个农业价值链来表明，农业价值链是一个动态的创造价值的过程，每一个环节和价值链纽带中都涉及参与者的利益，在各自的环节中互相竞争从而获取共同利益。"从农场到餐桌"的价值整合可以减少浪费、确保食品安全、保持食品新鲜度、降低消费者购买价格、提高农户收购价格、改善农户收入，进而提高整条供应链的价值和效率。一条价值链的牢固程度取决于其最薄弱的环节，所以，价值链中的节点越强大，整条价值链中的产品和服务的流动也就越安全。因此，加强价值链每个环节的稳固性才能保证农业价值链内产品和服务的流动性。只有最具竞争力优势的参与者能够在农业价值链中存活，通常这些参与者需要拥有竞争市场、可靠投入、高效运输、技术援助和融资服务。

然而，金融限制在农业领域仍然普遍存在，加之其分布不均且成本高昂，严重地限制了小农户、小企业的生产能力和竞争能力，能否获得合理及时的金融资源从较大程度上影响着小农户、小企业在竞争性市场中参与价值链的程度。因此，提高小农户、涉农小企业的生产力、竞争力以及他们在全球价值链中的参与程度，已经作为优先事项被提上农业发展议程（世界银行，2008）①。

传统的农业产业化过程是生产、初加工、深加工、分销、零售等一系列独立的、分散的环节。银行等金融机构相应地给每一个环节开发出了一系列的独立融资产品。

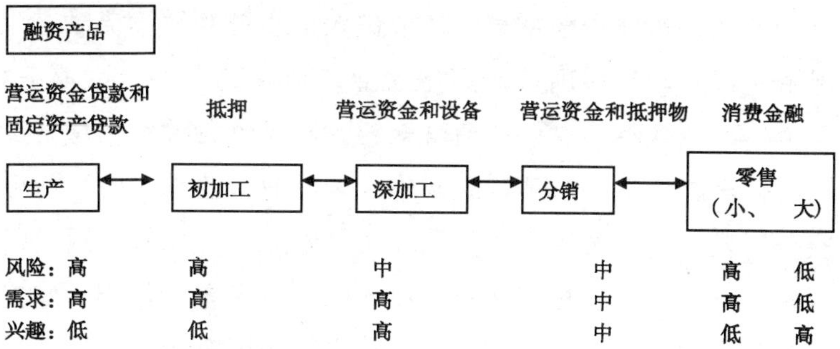


**图5－1　农户、加工商、零售商的传统融资方式**

在图5－1中可以看到一个传统农业价值链和它的独立环节。在每个环节上有一个可适用的融资产品，在农业产业链下面是风险的估计、对融资的需求和银行提供服务兴趣的高低。在农业价值链开端的小生产者是高风险的，对银行而言无吸引力。在农业价值链末端的零售环节的小零售商，对银行来说是没什么吸引力的。因此当零售商是家庭经营小商店，没有银行愿意去为它融资。原因很简单，就是风险高，作为银行不愿意承受这种风险，也不会感兴趣的。如果零售商是大公司或大超市，银行则会感兴趣，对其会提供消费金融，因为他们掌握着消费者的声音。如果农民想要卖出产品，就得满足最终消费者的质量需求和低价格，这意味着农户必须成为整个链的一部分。食品安全是这个产业目前首要的条件。如果农户不能清楚识别整个链的每一部分，如果他们的产品与最终消费者的需求标准不一致，他们的产品是不会卖出去的。可见，支离破碎的农业产业结构破坏了为农业融资的所有可能性。这种结构产生的结果加重了农业价值链的断裂，使孤立日益恶化，引发农业价值链中不同环节之间的对抗。

① 世界银行：《2008年全球经济展望》，中国财政经济出版社2008年版，第227页。

农业价值链融资有助于解决这一窘境，银行家和金融家能够通过农业价值链了解产品及其附加值以及营销过程，并以此融资，进一步合理确定财务需要、调拨各环节资金（米勒，2010）①。对农业价值链的充分理解有助于贷款人做出明智决定，在农业价值链中能筹得不同等级的专款，这些资金从某一环节进入价值链并继续流动。农业价值链融资是近年来许多国家运用于农业产业化的一种金融服务措施。农业价值链融资能够将农业价值链上相互间提供各种经营服务的主体与专门提供金融服务的主体联系起来，为农业价值链中的所有参与者提供充分而及时的金融服务，已被证明是农业产业化取得成功的一个关键因素。农业价值链融资在农业产业化中占有重要作用，它把与农业相关的各个主体联系起来解决了相互之间的融资难的问题，并带动农户进入市场，实现了农村经济的平稳、有效的发展。现阶段农业价值链融资广泛应用在许多发展中国家，是扩大农村金融覆盖面、减少农户金融排斥的一种重要措施②。

## 一　农业价值链融资机制

农业价值链融资是农业价值链上的不同主体，包括农产品的生产者、供应商、农产品的加工商、运输和购买商等，资金在他们构成的关系链上流动的过程。农业价值链融资能够将价值链上相互间提供各种经营服务的主体与专门提供金融服务的主体联系起来（KIT and IIRR，2010）③。价值链上主体之间提供的各种经营服务包括土壤管理、作物灌溉、收割、交通运输、贸易、面向消费者营销等，而一些主体提供的专门金融服务则包括财务报告（资产负债表）分析、风

① Miller，C. and Jones L.，*Agricultural Value Chain Finance*：*Tools and Lessons*，The Food and Agriculture Organization of the United Nations and Practical Action Publishing，2010.

② 张永升：《基于合作社的农业价值链融资研究——以重庆市北碚区金刀峡农业合作社为例》，《世界农业》2011 年第 10 期。

③ KIT，IIRR，*Value Chain Finance*，*Beyond Microfinance tor Rural Entrepreneurs*，Royal Tropical Institute，Amsterdam；and International Institute of Rural Reconstruction，Nairobi，2010.

险管理、信用评级、保证担保、抵押等。

农业价值链融资包括两个层次：一是价值链内部融资，指价值链上主体之间贸易信贷形式的资金流，即由一个参与者向另一个参与者融资，称为直接价值链融资；二是价值链外部融资，指外部金融机构向价值链上某些主体提供金融服务而注入的资金流（Miller and Jones，2010；Quiros et al.，2011）[①②]，即利用价值链参与者之间的关系引导价值链外部的资金流向价值链，如银行或其他金融机构向价值链中的参与者进行融资，称为间接价值链融资，如仓单质押贷款、应收款融资、保理和福费廷等[①]。

农业融资来源于农业价值链自身内部和农业价值链外部各种类型的实体融资机构。产品单向流动穿过农业价值链，经过各个层级时都会获得一定的附加价值。农业价值链内部的资金流动有两个方向，取决于具体的农业价值链和地区以及企业和参与者的动态表现，尽管大多数资金趋向链条端点，资金流可能在任何一个环节进入价值链。对于其他产品，资金流更多的流向加工层或通过投入品供应商流向加工商。这些资金流通过三角融资的形式进入，这样比通过所有部门只融资一次的形式进入更有效。如图5－2所示，价值链中的参与者既可以成为接受融资的对象，也可以是融资的供应者。例如，投入品供应商常常通过融资来购买存货，并通过信贷来销售投入品；农民可能通过信贷获得投入品，可能会收到来自加工商的预付款（自身直接获得或通过农民协会组织获得），他们也可能提供实物融资，比如在延迟付款的情形下，实际上是农民向加工商、超市甚至政府库存提供了实物融资。

在农业价值链的参与主体中，每个主体都具有融资需要。但是最需要进行融资的就是生产者，尤其是小农户，他们位于价值链的最低

① Miller，C. and Jones L.，*Agricultural Value Chain Finance*：*Tools and Lessons*，The Food and Agriculture Organization of the United Nations and Practical Action Publishing，2010.

② Quirós，Rodolfo，*Agricultural Value Chain Finance*，FAO and Academia de Centroamérica，2011.

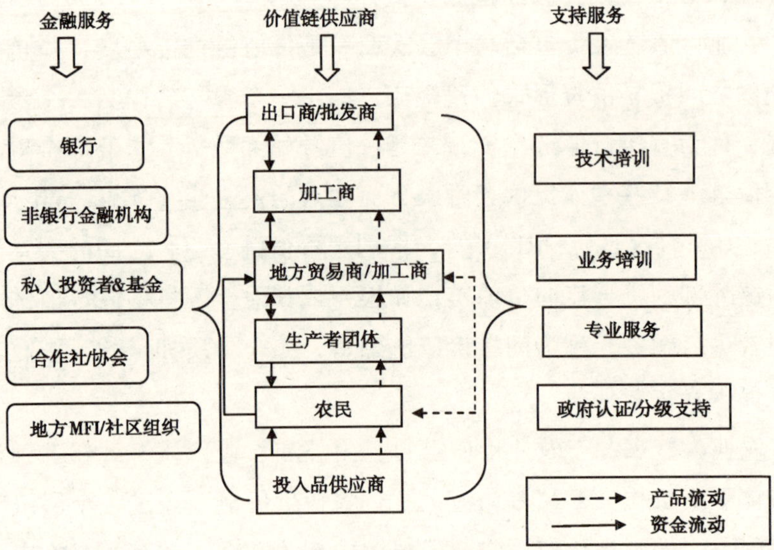


**图 5－2　价值链产品和资金流动**

资料来源：摘自弗里斯（2007）和磨坊主（2007a）。

端，最容易受到经济波动的冲击。为了提高生产能力及竞争力，他们需要融资来提高技术能力；他们需要化肥、种子、农药、设备、劳动力来进行生产收获及销售。一些短期或者长期的金融服务能帮助小农户克服季节性的收入波动，采取更具竞争力的技术来进行农业生产农村的金融机构及农业价值链的参与者都可以成为农户生产资金的供给者。

对小农户、购销商、加工商及农业价值链上的其他主体而言，价值链融资可以改善他们的金融服务可得性。这些主体可能因为缺乏抵押品、风险高或其他原因，而被银行排斥在服务之外。但是当其参与到可自生、稳定的农业价值链后，他们可以更容易地获得外部融资①。

对金融机构而言，他们可以针对全新市场提供金融服务，不再单独为某个主体提供金融服务，而是以整个农业价值链为对象提供服务，覆盖了小农户、购销商、加工商、农业企业。金融机构针对农业

① 张永升：《基于合作社的农业价值链融资研究——以重庆市北碚区金刀峡农业合作社为例》，《世界农业》2011 年第 10 期。

价值链提供金融服务，与传统单独针对每一个农业生产经营主体提供服务相比，具有多方面的优点：一是能够通过价值链分析确切地识别信贷需求；二是针对价值链的特定需求设计适当的金融产品；三是利用价值链上各主体之间的交易关系降低金融交易成本；四是通过对整个农业价值链的深入分析，能够更准确地识别和防控风险，从而降低金融服务风险①。反过来，价值链融资也强化了链条上不同主体之间的联系。

农业价值链中各环节的生产效率和效益，以及整个价值链的效率和效益都因农业价值链各环节的融资支持的不同而产生不同的影响。生产者缺乏有效的资金支持，农业生产的规模就难以扩大，从而限制了农产品的生产加工、储藏运输和销售各环节的发展。因此，要提高整个农业价值链的经济效益，使价值活动的参与者获取更多的收益，就必须为农业价值链的参与者提供合适的融资服务。

## 二 农业价值链融资的模式构成

不同价值链的结构实质上体现的都是两大利益相关方之间的关系，即买方和卖方的关系。价值链的买方是农产品加工商、出口商或者分销商，在某些情况下，也可能是超市。价值链的卖方是沿着这条价值链推销自己产品的生产者或贸易商。买方和卖方两大利益相关方之间的关系，可以通过五种类型的联系来表述（见图5－3）。

第一种类型是现货市场，生产者在此销售自己的产品，价格时常波动，就设置价格而言，这是风险最大的市场；第二种类型是可以提前安排的契约式农业，买方和卖方签订生产和采购的买卖合同，即订单农业；第三种类型是买方和卖方形成非正式的长期信任和相互依存的伙伴关系；第四种类型是买方基于合作关系与卖方利益进行的资本投资，其特征在于卖方拥有很高的信用和依赖性；第五种类型是买方和卖方双方已达到全面垂直整合一体化。

金融中介机构有许多局限性，它们没有开发适合于农业的金融产品，没有建立农村分支机构，没有能够服务于农业部门的适当技术，

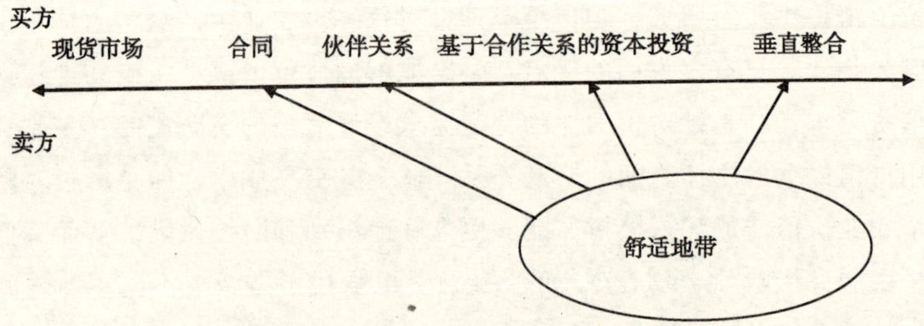


**图 5－3　协调和构成价值链的不同方式**

资料来源：温纳（2006）。

最重要的是，它们认为农业部门的风险高，利润低，并且很难弄清。因此，舒适区或是说这些金融中介机构的信任范围会取决于它们自己所看到的买卖双方的关系。它们只会和纵向一体化的公司（图 5－3 中粗箭头所指）建立高度信任。在图 5－3 中，买卖双方的关系越向左，舒适程度就越低。处在最左面的是金融机构最不喜欢的现货市场。当生产和销售取决于价格波动的现货市场和需求时，投资者会感到不安，他们更喜欢价值链中的合同制或合伙制结构，因为这种情况下，价值链中的市场风险是可控的，这是他们的舒适区。

虽然农业价值链融资交易涉及众多的参与者，但价值链融资对于帮助小农户、小企业进入大市场系统尤其有效。采用这一模式融资可以促进规模经济，并降低贷方和买方的风险。小农户是经济和社会中十分重要的因素，现代农业系统中小农户是更具活力的贡献者，必须在价值链融资业务模式中给予小农户特别的重视，使其参与到农业价值链当中。

依据小农户与大市场系统的关系不同，农业价值链融资的模式可以分为四种类型：农产品生产者驱动的价值链模式、农产品购买者驱动价值模式、协调组织推动价值链模式和一体化价值链模式。

1. 农产品生产者驱动价值链模式（Producer-driven value chain models），价值链组织的驱动者是小农户特别是他们构成的生产者合作社或协会、较大规模的农户，他们成为价值链发展的驱动力——为价值链提供技术支持、营销服务、投入品及融资联系。除此之外，生产者合作社或协会、大型农户可能具有一定的融资基础，他们为了进入新的市场，获得较高的市场价格、稳定的市场地位而驱动形成的价值链。

生产者驱动型模式的驱动力来源于价值链的底端。这种模式的成功要面临两大困难。其一，生产者可能并不了解市场需求和价值链中更接近最终用户的那部分参与者；其二，生产商往往都需要争取融资，除非他们找到实力强劲的合作伙伴或者得到了融资协助，抑或是与可靠的、有竞争力的市场和合作伙伴建立了前期联系。由于缺少产量和规模经济等原因，初期的几年是艰难期，随着时间和支持力度的推进，生产商模式将越发壮大并凭借交易量及市场伙伴的强大而获得融资。

2. 农产品买方驱动价值链模式（Buyer-driven value chain models），价值链组织的驱动者是加工商、出口商、零售商、购销商、批发商等，为了保证原料或货源供应、增加货源规模、满足客户特定需求的产品等，而形成的价值链。

买方驱动型模型构成了许多价值链融资应用的基础。它通常从买方利益出发，采购一系列产品，运用融资方式推动生产商、加工商和价值链中的其他参与者将产品按指定的条件售予买方。通常来说，一旦涉及融资，这些指定条件则通过订立合同协议来体现。不管是否正式登记，这些协议都可以成为贷款回收的基础。

契约农业耕作是最常见的买方驱动型价值链模式。顾名思义，它涉及农场层级或者农民协会层级的合同契约，通常与价值链上一个或多个层级的参与者签订，这些合约可通过正式的法律体系签订，也可以非正式的形式签订，两种形式下签订的协议都具有约束力。契约农业耕作具有主要公司模式的某些特征，由大型加工商、出口商或零售商提供买方信贷，不过，契约农业耕作通常有着更为严格的条款要求，规定了生产类型、质量、数量和农产品交货时间，如有需要，还可能在契约中规定融资和技术支持条款。农民与买家之间通过合同形式或口头形式建立的这些承担义务，向银行家发出信号，显示出供应链的安全性和严肃性，并且提供了委托筛选的一种类型。事实上，由于契约合同的存在，资金可以由农业企业或者某第三方（比如银行）直接提供给农民。在第一种情况下，农业企业（如农产品加工商）能够降低其运营风险，因为原材料供应由其与生产商订立的合同保障，这就提高了公司的信用级别，使其更容易增加融资渠道，然后，公司获得的这些资金流向农民，通常是以农业投入和技术支持的形式；在第二种情况下，由于银行认为，当生产商的产品拥有市场保证时，生产商的信贷可靠性则更强，因此契约合同关系可以作为一种虚拟的抵押品，而是否接受这种类型的抵押品取决于贷款机构自身，也取决于各个国家的借贷要求。总之，在上述两种情况下，契约农业耕作通常作为一种支持价值链融资的重要机制。这些契约合同可能是严格正式的，也可能不是。许多情况下，这些合同会以更严格的形式签订，通常涉及具有法律约束力的协议，规定了生产商和买方的任务与责任。对生产商而言，规定了关于时间、产量和产出品质量的一般条款；对买方而言，则是对投入品、技术支持、购买承诺和融资做出了规定。

针对融资而言，生产商、卖方和买方之间签订合同带来的好处是十分明显的，因为合同能够减少不确定性和未知风险。然而，在欣然接受买方驱动型模式（如契约农业耕作）之前，我们有必要全面理解这一模式：这一模式中相关各方的价值何在？相关各方的谈判力和公正在哪儿？尤其是在小农户和大公司之间，违反约定时的责任是什么？要承担什么风险？如果生产商单方面销售（将产品卖给其他买家而不是约定中指定的买方），或者买方拒绝按规定条件购买产品，尤其是当市场环境发生变化时，以及契约农业耕作模式在哪些领域的应用最为常见？为什么？

无论是正式的还是非正式的契约农业耕作，都是将小规模农户整合进入价值链的可行模式，通过契约合同任务，能够让他们获得信贷和其他服务。

契约农业耕作的优势：为生产商带来有保障的市场和价格；及时供应适量的投入品；为农业企业买家增加了采购其所期望质量产品的可靠性和渠道；因计划和规模运作而带来的成本降低；增强了无抵押

品的情况下获得信贷的可能性；协助开发质量标准和认证；合同结束之后提供针对市场的技术培训和支持；通常是可强制执行的合同，让买家感到放心；积极关系和逐渐增加的信任所带来的提前付款。

契约农业耕作的机遇与风险：依赖单一买家可能导致失败或损失利益关系（如买家流失、市场变化、破产等）；农民的单方面销售，尤其是在价格上涨时；买家的管理成本；相关各方的合同执行；合同及合同执行的监管环境；倾向于支持规模较大的农户，由于较低的交易成本和更强的初始资产基础，会首先牺牲小农户利益；缺乏技术能力去理解和有意识地开发可行的价值链，特别是那些拥有小农户的价值链。

尽管契约农业耕作协议对参与者有诸多潜在好处，但并不是所有的契约合作计划都能取得成功。失败的风险与许多众所周知的原因相关，其中最主要的就是投机取巧的行为，它可能在预定条件变化时发生。比如，市场价格上涨，高于合同协定的价格，有其他竞争买家介入购买种植合同规定的产品，这些都可能引诱农民背弃自己的合同义务，将产品销售给出价最高的买家。

3. 协调组织推动价值链模式（Facilitated value chain models），价值链组织的驱动者是政府部门、非营利组织、非政府组织，为了减少对贫困小农户的市场排斥、促进地方经济发展而促动的价值链。

许多国家的农业领域都有着双重的体系，一边是发展成熟的农工业，另一边是仅能维持最低生活水平的边缘化生产者。在开发组织的促进和推动下，如非政府组织和政府机构，已经证明了外部的支持可以为小农户价值链的集成和融资打开机遇的大门。

大买家和批发连锁业务在面对小规模农户时，需要迎接多种因素的挑战，经常需要寻找大型供应商，这些小规模农民：可能组织无序；没有合同协作经验；需要花费更高的交易成本为他们提供服务支持；时常造成风险增加，如单方面销售；缺乏技术能力，缺乏持续性保证生产质量和数量；缺乏及时供货的组织能力和资源。因此，组织和培训小型生产商常被大公司视为一件成本高昂的事。

开发机构和其他有社会使命感的机构可以提供支持以促进小农户

和小型农业企业整合进入商业价值链。价值链开发中成功的协调组织推动价值链模式已经应用于世界各地。通过适当的组织和训练，可以带来收入的提高。很多契约农业耕作模式和其他涉及小生产商的价值链关联模式能够兴盛起来的部分原因在于，非营利或政府机构提供和发起的促进和推动服务。某些情况下，这些机构促进和推动了包括生产商和金融机构在内的关系。有时候，这些机构自身也进入了契约合同任务（包括担保），并且提供直接技术服务和融资。所有的促进活动都是将私营部门集中业务模式作为建立可持续发展的一种手段。在融资中，这涉及诸如银行的直接参与、商业投资者和私人股本基金的资产融资需求。对运营资金需求而言，只要有量身定制的技术支持，来自银行和买家的融资就是可行的。这特别适用于初创公司和处于早期扩张阶段的农业企业。

由于价值链是动态的、复杂的，促进者必须谨慎地安排好干预措施的优先次序，在整条价值链的关键杠杆点实施干预。此外，促进者必须处于供应链之外，避免直接向价值链提供金融服务或资金支持。这样的行为将发出扭曲的商业信号。

协调组织推动价值链模式能够有前瞻性地识别和开发价值链。例如，美国国际开发署的技术支持通过秘鲁减贫援助（PRA）项目识别和促进了价值链的机遇，秘鲁高地小农户的洋蓟种植。秘鲁减贫援助项目看准了市场机遇，发出信息，聚集生产商、加工商和买家来共同满足市场的需求。过去的 20 年，洋蓟的全球需求翻了一番以上。秘鲁一直在努力争夺欧洲大市场的份额，这个定位很准确，因为它具有劳动力成本优势。

4. 一体化价值链模式（Integrated value chain models），价值链组织的驱动者主要是龙头企业、超市、跨国公司，这些主体为了获得垄断性市场力量、有效控制产品质量和价格、占领高附加值的市场，将产供销等环节纳入一个主体。

一体化价值链模式不仅把生产商与价值链中其他参与者（投入品供应商、中介机构、加工商、零售商和包括融资人在内的服务提供商）连接起来，还通过所有权关系或正式的合同关系把它们整合起来。一体化价值链模式拥有其他模式的许多特点，如有多方任务协作、技术指导和严格合规方面都有着强大的关系节点，并且整合出一套价值链流程和服务的合并结构。

应用于价值链的一体化价值链模式有两种类型，一种由金融集团发起，另一种由自身拥有促进服务所有权结构的促进型实体发起。后者可能是实力强大的非政府组织。最常见的一体化价值链模式：价值链内部垂直整合。这种整合通常是由大型零售商、批发商或进口商发起，它们专注于消费者需求，并且希望确保投入品、生产和收产后处理能够提供满足这一需求的产品。一体化价值链模式中整体垂直整合（水平整合也往往如此）的程度取决于单层次联系——从生产到零售的控制——的紧密程度，通常是以契约农业耕作模式或其他的合同买家模式来实现。垂直整合的超市价值链就是体现这一模式的最佳案例。超市与进口商或国内批发商密切合作，及时沟通产品规格信息，如种类、质量、数量及有关卫生标准、可追溯性和余量信息等。讯息和服务通过价值链逐级向下传递到生产商，通常还伴有质量控制、技术培训、适量投入品、记录和融资等服务。这种类型的垂直整合尤其适用于新鲜水果和蔬菜。园艺价值链对小农户而言就是极为出色的整合式价值链，因为这条价值链上的许多产品都需要密集劳动力、人工种植和人工收产，才能达到产出品交付需求。

## 三　农业价值链融资的工具

随着农业价值链的不断扩展，价值链融资的工具的品种也相继增多。除了单纯地依靠银行等金融机构贷款，也增加了其他的融资产品。主要包括产品融资、应收账款融资、实物资产抵押融资、风险消减和金融增值等工具。

### （一）产品融资

产品融资是农业价值链融资中最常用的形式。这种信贷形式或者表现为：“赊销”（一种农业投入品供应商为农民提供信贷的形式），或者表现为“预付款”（一种农作物购买商为农民提供信贷的形式）。如贸易商信贷、生产资料供应商信贷、销售商信贷、核心企业信贷等，多数体现在价值链参与者之间的信用贷款上。产品融资最常见的是实物信贷，比如种子和肥料。

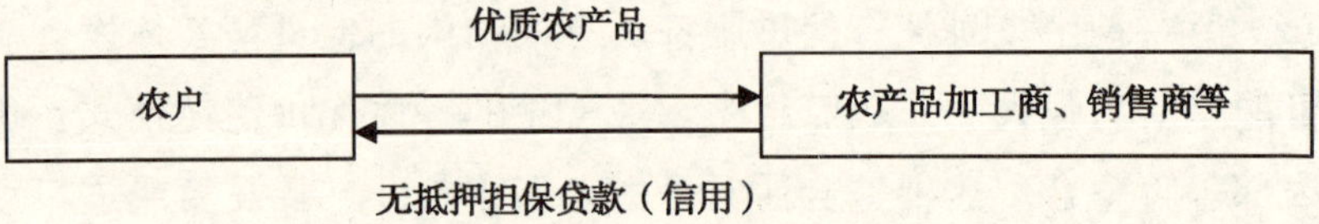


**图5－4　产品融资**

1. 贸易商信贷

贸易商信贷即贸易商预付贷款给生产者，这种贷款通常在作物收获时以实物的形式偿还。这就允许贸易商获得作物，并为农民提供所需资金（用于农业生产或维持生计），以及农作物的销售保证。另一种方式不太常见，贸易商贷款可在价值链中“向上”使用，即贸易商向购买商交付产品，允许购买商延迟付款。

2. 投入品供应商信贷

投入品供应商信贷是投入品供应商向农民（或价值链其他参与者）预先交付农业投入品，在作物收获或其他约定时间获得偿还。这种信贷的成本（利息）往往会计入价格成本中去。投入品供应商信贷使农民获得投入品，同时又提高了供应商的销售。

3. 销售公司信贷

销售公司信贷即销售公司、加工商或其他公司向农民、当地贸易商或价值链上的其他企业提供现金或实物信贷。这种信贷的偿还形式往往是实物。上游购买商可以获得农产品并锁定收购价格，作为交换，农民和其他价值链参与者获得信贷和供应品，并为其产品获得稳固销售渠道。

4. 核心企业融资

核心企业融资即核心企业向价值链上的企业和农民提供直接贷款，或者销售协议——以使他们能够从第三方机构获得贷款。核心企业融资通常的形式是带有回购条款的订单农业，这种形式可为农民提供资金、技术支持以及市场准入，并为核心企业提供及时和高品质的产品。

## （二）应收账款融资

应收账款融资是指使用应收账款和销售合同作为担保的融资。通常情况下，对于这种类型的金融产品，贷款是现金形式或者是提供应收账款作为担保，还款一般是把销售收入直接还给出借方，将将来要销售的货物或产品提供给借出方作为融资抵押。这种融资通常是量身定做，以满足参与其中的供应商和购买方的个人需求，使他们能够加速销售现金流动，降低风险。基于这种融资手段的综合贸易，其最终目标就是协调价值链内各种客户需求，监控和支付货物的方式等。要成功运用金融供应链解决方案，需要与各个利益相关者密切协调，其中包括采购、物流、金融部门、账户管理，以及应对各种类型的风险。

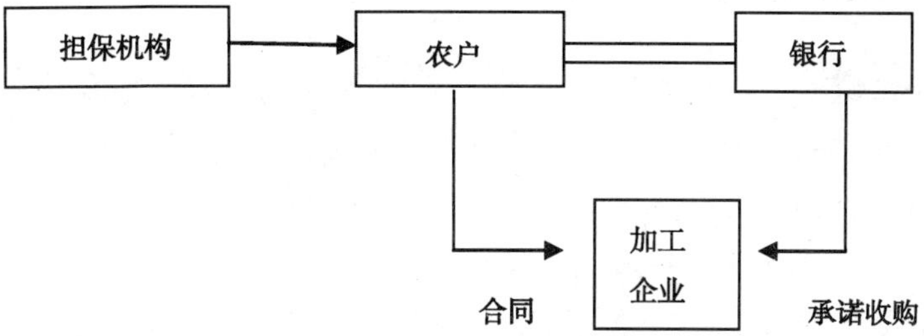


**图 5－5　应收账款融资**

1. 贸易商应收账款融资

贸易应收账款融资即银行或其他贷款机构向农业企业（供应商、加工商、销售商和出口商）提供营运资金，并以其应收账款或其与生产者之间的已确认订单为抵押。应收账款融资需要考察买家的购买和偿还记录。

贸易商应收账款融资是企业的一种融资手段，可以把信贷担保的货物很快转变成现金流动。该融资模式是一种获得灵活资金的金融手段，其中应收账款信贷由客户（购买方）的财政力量决定，而不是由其他客户（销售方和应收账款）的财政力量决定。应收账款的范围有可能是跨国界的也有可能在国内。

2. 保理业务

保理是一种金融交易，某供货企业将其应收账款债权或销售合同打折出售给一个专门机构——保理人，后者扣掉折现系数后支付现金给该企业，并在债务到期时负责收款。保利可加速资金周转、降低信贷风险，并可提供应收账款记账和票据托收服务。对投人品或销向可信买家的未加工、已加工产品，保理业务可推进其融资。除了融资之外，保理还提供其他两个重要的服务——收集应收账款服务和评估购买者信贷信誉。

3. 福费廷业务

福费廷业务即包买商从出口商那里以折扣价购买其可流通票据（如信用证和购买汇票），福费廷可改善出口商的现金流状况，同时需要承担与应收账款相关的所有风险。它适用于长、中期应收账款。

## （三）实物资产抵押

在农业领域，价值链融资涉及一些实物商品或资产，在价值链联系较弱或分散的情况下，往往也可以通过货物或动产担保获得融资。当然，现代更加安全的价值链拥有更加紧密的联系、更加安全的市场和（或）仓储以及普遍接受的评级和标准制度，并在明确的合同或良好的工作协议下运转，使得实物资产抵押更容易被银行界和监管机构接受。

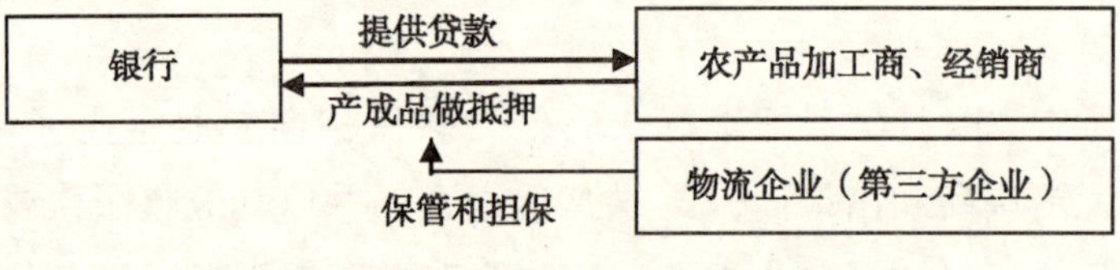


图5－6 实物资产抵（质）押

1. 仓单

仓单即农民或价值链上的其他企业从经认证仓库那里获得的存货收据，该收据可作为质押向第三方融资机构申请贷款，实际抵押品是存放在独立仓库的货物。该体系可保障存货质量，使得卖方可以暂时囤积产品，并在反季节或晚些时候以更高的价格将其售出。

2. 回购协议（回购债券协议）

回购协议，又称购回债券，指的是协议双方中的一方在出售产品或证券时签订协议，约定在一定期限后按约定的价格将其购回。卖方有回购产品或证券的义务，这种义务通过买方占有其资产的形式来保障。回购协议降低了金融风险，因此对贸易公司颇具吸引力。由于降低了贷款回收的风险，因而贸易公司可获得低成本运营资金。

典型的货物回购协议中，货物存放在经认证的抵押品管理公司手中，这些公司负责对货物进行质量管理、等级评估和存单开具，这些业务往往又被转包给证券经纪人去做。证券经纪人在期货市场的表现最好，但仅需要一个现货市场，他们就能在需要的时候将货物售出。

3. 融资性租赁

融资性租赁实质上是一种赊购，出租人提供租赁物给承租人使用，承租人付清全款后（通常是分期付款），货物所有权归属于承租人。除非承租人付清全款，否则出租人一直拥有租赁物的所有权，因此出租人很容易在承租人不能付清全款的情况下收回租赁物。因此农业企业和农民无须抵押品即可通过这种方式租赁农用机械、汽车和其他大件物品。不同于其他价值链融资方式，融资性租赁用来获得固定资产而非营运资本。可用来租赁的资产多种多样，但就农业价值链融资来说，主要包括农业装备、仓库和农业机械。

融资性租赁在价值链融资中的一个应用是它提供了一种抵押形式，允许价值链中的参与者获得改良装备和机械设备以满足产品生产和加工的需要。

### （四）风险消减产品

我们对风险管理技术和价格波动控制手段如参数保险、期权等知之甚少，这些技术手段可以用来抵消农业产业链中的风险。经验表明降低风险的方法有很多，如信息、市场知识、价值链知识和（或）通过价值链建立与各方的联系（蒂芬·奎罗斯，2007：39）。降低风险是融资领域最为关键的考虑之一。这些风险可归为三类：产品风险、价格风险和信贷（客户）风险。价值链有助于通过安全的市场和营销降低价格风险，有助于通过提供种子、农业实践、农业技术和农业发展服务降低产品风险。欲降低客户风险，需要对客户和他们的风险有一个较好的了解，并要求他们售出货物即按比例还款。

价值链融资系统中同样包含许多与价值链相关的工具，这些工具是专门设计用来管理系统或个体风险。一类是为产品和价格风险设计的实物工具，另一类是金融工具，比如保险和贷款担保。

1. 农作物/天气保险

保险是指以集中起来的保险费补偿被保险人因灾害造成的损失，从而降低风险。保险赔偿计划依据发生损失的统计数据制定。保险可消减农民和价值链上其他环节受到的自然灾害和其他气象灾害。

2. 期货契约

期货市场、期权是农业市场生产者、投资者和贸易商常用的风险消减工具。期货契约规定各方有义务在将来某一特定时间交割一定数量的产品。通常情况下，期货契约在代理人之间签订，这些代理人希望通过产品来完成收款或付款。产品数量、交割日期和价格参数（固定价格或交割时候的定价方法）由双方协商。

3. 期货

期货是期货契约中的待交易标的物。期货交易可在商品交易所内快速完成。期货提供了一种价格对冲机制，允许贸易公司通过期货市场相反的交易抵消现货交易的风险。期货在农业价值链融资中扮演重要角色。这种角色可以是直接的也可以是间接的，并可对所有生产者和农业企业产生影响。

### （五）金融增值

金融增值是一系列用来降低风险的复杂财务安排。这些财务安排包括结构化融资工具、抵押品，此外还有合股投资。通常，在金融市场内部，结构化融资工具可降低贷款者信用可靠性的风险，该工具通过严格的协议“打包”现金流回报或其他应收账款作为贷款者还贷的保障。结构化融资工具中最关键的是应收账款的质量，应收账款是贷款者收益流的一部分。

1. 证券化

证券化是指将能够产生可预见现金流量的金融资产转化为在金融市场上可以出售给投资者的证券。证券化可能不适用于较小或短期资产，包括债务抵押债券，但会降低中等、长期资产融资成本。证券化在农业领域的应用潜力局限于可随时捆绑成几乎相同的产品的商品和产品，这些商品和产品可在商品交易所买卖。

2. 信贷担保

第三方（私人的或公共的）提供的农业信贷担保有助于通过降低借贷风险提高借贷吸引力。信贷担保常与其他金融工具一起使用，可由公共或私人渠道提供，从而增加向农业领域的贷款。信贷担保的总体使用往往与大量补贴息息相关，因为收入有限、运营成本有限，他们无力负担这种支出。当信贷担保应用于农业价值链融资时，价值链的联系和相互作用以及各参与者的知识提高了其成功应用的机会。除帮助吸引投资外，担保可能需要被用来恢复融资和投资。

3. 合资企业

合资企业融资是一种私人和（或）公共合伙人或者股东之间共享股权的融资形式。合资企业融资各权益方共享回报、共担风险，合伙人之间通常有互补的技术、自然、金融和市场准入资源。为提高农业和农业企业的投资和经济增加值，需要更多权益投资人的资金直接投到价值链中去。这种投资大部分是由价值链内的投资者和所有者直接完成的，但近来某些专门化基金对这种投资的兴趣与日俱增。比如英联投资非洲农业企业基金在非洲特定领域对股权和准股本资金的投资。英联投资的战略是“通过价值链参与”到产品、生产和服务（比如投入品、物流、配送、营销），以及生物产品、植物或动物以及食物或非食物的天气中去（英联投资，2007）。

## 四　农业价值链融资在农业产业化中的功能

农业价值链融资为农业产业化在传统融资方式的基础上提供了两

种新的融资方式。资金需求者可以从农业价值链其他环节中的利益相关者处融资，还可以从处于不同环节的实力较为雄厚的利益相关者处通过正式签约的方式融资，通过这两种方式都可以增加资本并促进发展。农业价值链融资的作用是解决农业价值链中受到融资约束条件限制的参与者的融资需求问题。虽然它通常是一种融资需求，但同时它也常常被当作保障销售、采购产品、减少风险和提高效率的一种方式。正是由于农业价值链融资这样的综合性质，认识和了解每一条价值链及其参与者以及这些参与者的利益点，是非常重要的。一些成功的金融机构已经在它们的贷款业务中采取了这些行动，这在生产商、供应商、批发商和其他参与者之间是最为常见的价值链融资。

### （一）改善农村资金供给

价值链融资理论为解决农村资金供需提供了一个新视角。它把农业经济的一系列活动看作一个整体，重视对农业经济各个环节的价值判断。它认为，农业价值链是一个有价值的产业链条，对该产业链条的融资不仅可以提升农业产业链的价值，而且也有利于提升农村金融机构的价值。农产品从生产到消费经过的每一个环节都增加了农产品的附加值。由于忽视农业价值链对农村金融风险的化解作用，农村金融机构往往因农业产业中某个环节的独立风险而减少提供金融服务，造成某个生产环节的资金紧张，其结果是影响整个农业价值链的效益。通过价值链融资的分析，金融机构不再单纯考虑为某一项价值活动提供融资的风险与收益，而是把整个价值链的价值作为提供信贷服务的依据，这样，农村金融机构的金融服务就可以向以前所忽视的价值活动延伸，从而扩展农村金融服务，缓解农村资金供需矛盾①。

一直以来农村资金外流严重，金融机构发放农业贷款的比例很小。上述情况的主要原因是农业贷款存在较高的信用风险和交易成本。首先，通过价值链将农户和企业、合作社连接整合，形成组织

---

① 任常青：《价值链融资及其对农村信用社扩展金融服务的启示》，《中国农村信用合作》2009 年第 7 期。

化、规模化的生产方式。与单一农户生产相比能够最大限度地降低自然风险，农业弱质性得到一定的解决。同时，企业与企业、企业与农户之间合作，形成风险分担机制。其次，通过产业链融资将分散的农户集中化，上下游企业联合化，可以增大贷款金额规模，有效降低农业信贷的信息搜寻成本以及风险监控成本，有利于金融资本与农业长期结合。金融机构通过对价值链贷款发放及收回情况的分析，评定企业及农户信用，促进企业与企业、企业与农户建立合作信誉联盟①。由此看来，农业价值链很大程度上增加了农村金融机构对农村资金的供给。

### （二）强化融资功能

从全球范围来看，农村金融的供需矛盾尖锐。尽管建立了不同类型的农村金融机构，但是仍有大量的农户、农业企业得不到金融服务。造成这一状况的原因一方面是由于农业受自然灾害、农产品市场价格波动等外界因素影响较大；另一方面是由于与农业相关的生产者基本需要的都是小额的、分散的流动性资金，贷款利润率低，再加上生产者没有足够的抵押品进行抵押，所以很难从金融机构获得贷款。

价值链融资最大的优势就是把价值链上下游成员利益一体化，为整个价值链成员提供金融支持。银行不仅和单一的企业、农户打交道，还和整个价值链参与者打交道。银行掌握的信息比较完整、及时，所以信贷风险会降低。银行发放贷款时更加关注的是整个价值链的风险，即便某个环节达不到银行的风险控制标准，但只要上下游成员业务往来稳定，银行就可以发放贷款。价值链融资为解决农民融资难的问题提供有效途径。农民融资难的核心问题是由于抵押品不足、抗风险能力弱等问题，银行可以通过与核心企业的合作关系，基于农户与企业在交易过程中的订单为其提供配套的融资。如秘鲁咖啡价值

① 张贵益：《创建“公司＋果品运销大户”支农模式实现集约化、组织化金融产业有效对接——农行陕西省咸阳分行创新“三农”金融服务的启示》，《中国农业银行武汉培训学院学报》2013年第5期。

链融资案例中，最初该地区金融机构不发放农业贷款，信用社为咖啡种植者与生产者协会发放贷款前提是咖啡种植者与生产者协会签订销售合同，生产者协会以规定的价格收购咖啡并且保证通过信用社支付货款。在五里明镇玉米价值链融资案例中，中粮收购合作社农产品，以订单形式解决了粮食销售渠道；银行与中粮肇东签订协议，由中粮肇东协助银行将合作社贷款本息从粮食收购款中代扣，确保银行信贷资金的封闭运行。

价值链融资要在整个链条中寻找一个核心企业，以核心企业为出发点，对上下游成员提供资金支持。核心企业一般为某地区的龙头企业，龙头企业的信用状况和整体实力决定了农业价值链融资的质量和效果。外国农业龙头企业数量多，但我国的农业龙头企业普遍规模小、实力不强，更重要的是大部分龙头企业横向一体化程度不高，管理欠规范，财务体制不够健全。一旦龙头企业出现财务危机，会立刻扩散到整个产业链。而与龙头企业处于上下游关系的成员一般为小农户，抗风险能力更加薄弱，所以整个产业链的危机会给银行带来信用风险。所以，在我国加快农业龙头企业的规模化发展是十分必要的。

### （三）提高农户竞争力

价值链的各个环节上都有相应的最优选择，如秘鲁咖啡价值链中，生产者协会会选择与生产高质量的有机咖啡的小种植者签订收购合同，使生产高质量的咖啡种植者获得贷款。做出最优选择，不仅提高咖啡种植者的竞争力，也提高了生产者协会的竞争力与利润水平，从而提高整个咖啡链条的竞争力。在乌拉圭大豆价值链中，仓库选择与大豆质量高的种植者签订正式销售合同，为种植者提供种植投入品，增强种植者的竞争力。同时仓库有足够数量的高质量的大豆，自身实力进一步增强。洪都拉斯芭蕉价值链引入技术援助工程，生产者受到了如何提高生产、减少成本、提高农作物管理、灌溉、对市场的理解等方面的技术援助，竞争力明显增强。同时也为 INALMA 公司提供技术援助，以使 INALMA 公司可以提高他们的生产质量，增强龙头企业的竞争力。在生猪养殖环节，由公司统一用药、统一防疫、统一育种、统一配方、统一饲料和包销，提高了生猪的产量与质量，同时为企业提供了合格的生猪原料，增强了企业的竞争力。

农业价值链向一体化方向发展，即农业生产本身与产前、产中、产后的服务结成一体，共同经营和发展，形成农工商一体化，可以最大程度地提升竞争力。我国农业价值链链处在产前或产中或产后某一阶段的服务上的居多，完整的农业产业链各环节的产前、产中、产后一体化服务很少。而且国外提供服务的组织形式是灵活多样的，由有关政府部门或者各种合作社、专业性服务公司等参与，不是由某一类组织包揽，可以增加抗风险能力。但国内的中介机构较单一，没有形成系统化、全程化的服务组合形式。

## （四）促进小农户规模化、集约化

除少数农业产业化高度发达的地区以外，大部分地区的企业与农户之间是一种简单商品买卖契约关系，没有形成利益共同体。但在农业价值链融资中，价值链各成员之间紧密而又稳定的协作关系至关重要。因为银行对于风险的评估不局限在某一借款主体上，而是更多的对整个链条的交易活动进行评估。从企业的角度来看，企业更倾向于与大农户合作，而不是向多个分散的小农户提供资金、原料支持。与大农户合作不仅可以节约交易成本，而且大农户比小农户的抗风险能力强。从农户经营的角度来看，小农户由于面临比较严重的信贷约束，资金缺乏，较之大农户而言，小农户实力不足以对抗外界风险，违约风险较大①。

在农业产业链融资中，对于分散生产的小农户而言，为了得到资金支持，会通过基地、农业合作社组织实施模式化、标准化种养殖，以提高自身的抗风险能力。同时农业合作组织向规范化、综合化方向发展，解决农户种什么、怎么种、种多少的问题，提高小农户的组织化程度，增强农户在市场上的谈判力和竞争力，解决小农户和大市场

---

① 袁立璜、纪梦晨等：《基于订单农业下的贸易信贷融资机制研究综述》，《世界农业》2010 年第 6 期。

对接的问题，使资本逐步向优势农户集中，加速了农户之间的联合与重组，小农户数量逐渐减少，规模逐步扩大，集约化水平越来越高。

### （五）提供农产品质量与安全

对于农业龙头企业而言，生产的产品多为日常生活所需，产品的质量安全是企业生产活动的基础。无论龙头企业是否具有核心品牌、核心技术、核心价值、核心文化，最终都要围绕如何以符合质量的产品来满足消费者的需求为核心来经营。没有品质作为保证，农业龙头企业的竞争优势难以实现，因而产品质量安全是决定农业龙头企业生产成本和竞争地位的关键因素。

随着人们生活水平的提高，对食品安全越来越关注。农业价值链融资可以使农业龙头企业控制种养殖环节和下游流通环节，确保各环节使用符合国家标准、行业标准的原材料和添加剂，使用保证产品质量安全的生产设备、共赢装备和相关辅助设备；使用与保证产品质量相适应的原材料、加工、贮存等厂房和库房等各项设施，全程把控种养殖质量①。作为农业价值链融资的种养殖环节和下游流通环节成员，由于整个价值链是一个利益共同体，任何环节出现质量问题，都会动摇产业链融资的基础，增加银行融资的风险，制约产业链融资的发展。所以各成员会遵守龙头企业的指导，采用统一用药、统一防疫、统一育种、统一配方、统一标准，保证产品安全，保证农业产业化不断发展，维护农业的利益和收益。

## 五　农业价值链融资分析——以君乐宝乳业为例

河北君乐宝乳业在河北省整个乳制品价值链中处于龙头企业的地位，与传统的食品加工业不同，乳品加工企业对于上游原材料的依赖性很大，原料奶的质量、品质直接影响终端产品在市场中的竞争力，

① 魏玲丽：《基于价值链的农业产业化龙头企业竞争力培育战略》，《农村经济》2011年第2期。

这也意味着优质奶源对于乳品企业而言可谓是至关重要的。君乐宝乳业鉴于本企业的特点发展了订单农业，实现农业价值链的融资。订单农业的农业价值链融资中充分体现了内部和外部融资的运行机制。

### （一）君乐宝乳业价值链融资工具

农业价值链的不断扩展，价值链融资的工具的品种也相继增多。除了单纯地依靠银行等金融机构贷款，同时还增加了其他的融资产品。主要包括以下几种融资工具：产品融资、应收账款融资、实物资产抵押、降低风险的金融产品及增加融资的其他工具。

君乐宝乳业主要应用了产品融资和应收账款融资两种工具。

1. 产品融资

产品融资多数体现在价值链参与者之间的信用贷款上。因为君乐宝乳业的知名度和影响度具有较高的信用，所以银行愿意为他们提供信用贷款。与此同时，君乐宝乳业为得到优质的农产品，会向奶农提供信用贷款，使农户保证产品质量扩大规模。这种价值链融资工具是依赖参与者的信用来运行的，没有抵押品，没有担保，因此采用这种融资工具虽然程序比较简单，但是各个参与者承担的风险比较大。

2. 应收账款融资

奶农从银行获得大量的贷款是比较困难的。以农户的未来的预期收益为标的抵押给银行，同时加工企业向银行承诺收购标的。银行在生产初期支付给奶农生产急需的资金投入，农产品被收购后，君乐宝企业把原本支付给农户的货款直接支付给银行来抵扣奶农从银行的贷款。

### （二）君乐宝乳业价值链的内部融资分析

农业价值链融资的一种方式是，农业企业（如农产品加工商、销售商等）直接向订单农户提供贷款（如赊销生产资料、提供预付款、甚至是直接借款等形式）。

在这种方式中的农业企业充分表现为龙头企业。君乐宝企业看中了华北大平原这一优质奶源带，而且冀中平原有4000多万亩的玉米种植带，是奶牛最好的饲料。在这一广大的农村地区，剩余劳动力充足，但是资金却相对短缺，农村地区的金融业发展相对缓慢，农户想从金融机构贷到资金是比较困难的。

君乐宝企业作为乳品价值链的龙头企业正是为农户解决了资金短缺的难题，为农户提供类似于金融机构的贷款方式。它不仅与农户签订了购销合同，还为农户提供了资金支持而且在日常管理中也对奶站、奶厅的奶农、养殖户进行大量技术支持和日常管理上的帮助。同时，君乐宝还会定期派人对奶站进行日常巡查帮扶，帮助奶站提升管理水平。在技术支持层面，君乐宝定期向奶农推广最新养殖相关技术，确保乳制品的安全，这对企业和奶农来说是一种双赢的措施。

同时君乐宝龙头企业为从根本上解决奶农“交奶难”、企业“收奶难”问题，对原奶购销合同进行完善，明确责任与义务，既满足企业对奶的收购，又要求奶农优先供应。为此公司专门成立原料奶销售部，平衡淡旺季奶源，当原料奶过剩时，积极为奶农寻找出路，免去奶农的后顾之忧；当原料奶不足时，公司给予相应的补贴政策，鼓励奶农扩大规模，提高产量。这样就把农户直接与市场联系起来，实现了小农户和大市场的对接。在把农产品从农户推向市场的过程中，龙头企业起了一个中介作用，从中赚取差价，赢得利润。

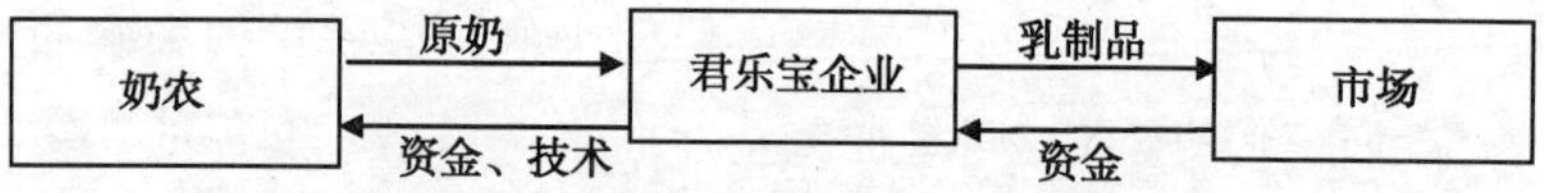


图 5－7　农业价值链融资中君乐宝企业的运作流程

## （三）君乐宝乳业价值链的外部融资分析

农业价值链融资中的另一种方式是，第三方（如银行）基于订单抵押替代特性而面向订单农户提供信贷。这种方式是农业价值链外部融资的体现。

现代化的农业价值链的发展带动了小农户和农村中的小企业，他们通过与价值链中的核心龙头企业发展订单农业签订生产和销售合同，获得了进入大市场的渠道，扩大了生产规模，从而对资金的需求也相应增加。在融资渠道方面，虽然龙头企业可以给农户提供少量贷款但是仍然不能解决农户的贷款难的问题，使得价值链上的中小企业和农户的金融创新产品开发不足。随着农业价值链融资的广泛关注和应用，一些发展中国家的银行、信用社及小额信贷组织等金融机构，为农业价值链融资提供了资金贷款服务。

君乐宝企业与奶农合作不仅仅是与其签订合同，帮助奶农的生产和消费，解决奶源质量问题，最主要的是解决奶制品价值链融资的问题，尤其是奶农的融资问题。因此君乐宝当面为与其合作的奶农提供担保，2012 年 7 月与中国银行河北分行合作签约，约定君乐宝乳业为中国银行提供质量较优的信用度较高的奶农，符合条件的君乐宝乳业合作奶农将可从中国银行河北分行获得个人最高 100 万元的贷款，总贷款额度达 1 亿元，这将促进奶农在规模化养殖、规范生产方面的建设，从而提升奶源质量，保证乳制品的质量安全。

具体的运作方式是，中国银行对奶农的贷款必须由君乐宝企业提供担保，企业根据订单对农户进行筛选，因为龙头企业和奶农进行频繁的贸易往来，对奶农的了解较全面，因此能给中国银行推荐价值链上较优质的客户。同时，君乐宝企业也帮助中行催收贷款，降低了银行的贷后管理成本，有效地缓解了银行贷款资金监管难的问题。通过这一外部融资的方法解决了中国银行和奶农之间存在的信息不对称问题，避免了银行对贷款客户选择的盲目性，进而可以有效地防止道德风险的发生，降低贷款的违约风险，提高信贷资产质量。

### （四）君乐宝乳业农业价值链融资的经验

通过对君乐宝企业的价值链融资分析可以看出，农业的发展离不开资金的支持，把内外部融资相结合，建立农户、龙头企业和银行为一体的融资机制，使资金不是向单方向流动，而是以价值链为依据渗透到价值链的每一个环节，达到资金充分利用。

1. 充分发挥龙头企业的核心作用

农业价值链的内部融资机制，发挥了龙头企业的融资作用，把一家一户的以家庭为单位的生产方式与企业联系起来，实现了小农户和大市场的对接，同时企业为农户寻找市场，提供市场信息，有利于农产品的销售和市场的拓展，有效解决了农产品的市场风险。对企业来说，连接农户和市场的同时，得到了利润，为下一步的融资提供了基础，活跃了资金市场和农产品市场，使农户和企业获得了双赢。

外部融资机制，通过龙头企业担保或对资金流监控，不仅缓解了农户提供抵押担保的压力，而且价值链的各个环节充分发挥监督管理作用，使农户通过贷款，利用资金扩大生产规模，为龙头企业提供更加优质的商品，扩大了市场上农产品的销售规模，也为银行获得了一个稳定的融资渠道，从而使价值链各个组成部分达到共赢，实现资金的充分利用。

2. 发挥银行等金融机构的资金支持作用

银行为龙头企业提供贷款保证企业正常运转，同时又为农户提供资金支持。银行向农业企业提供贷款的最大障碍就是信息不对称的问题，因此加强征信体系建设迫在眉睫。银行可以对大型的龙头企业和信誉良好的农户进行信用记录，在保证资金支持的情况下，对其进行相关的激励政策，扩大贷款授信额度和降低利率，减少优质客户的贷款成本。

3. 加大农业保险的支持力度

银行面对农业的高风险，只能对风险进行管理而不可能将风险真正转移出去。如果农户没有抵押品，则银行不敢给予信贷支持。所以构建一个强有力的农业保险体系来给予银行相应的利益补偿是十分必要的。农业保险不但可以作为借款农户提供担保抵押品的一种替代或补充，而且还能降低农户因为自然条件和生产的不确定性造成的不能保证按时归还贷款的风险，也增强了银行发放农业贷款的意愿。

现阶段我国的农业保险方面的发展还不够全面，政策还相对欠缺，因此发展农业保险首先要提高农户的投保积极性，通过政府和保险公司的大力宣传，增加政府补贴，使农民意识到参加农业保险的重要性。其次是要使保险公司增加投入，不断创新金融产品，并积极参与农业保险。再次是要发挥政府的作用，在政策上支持农业保险的发展，或者财政上补贴，促进农业保险的可持续发展。

4. 加强政府的促进作用

政府应加快完善法律法规，使法律制度与农业价值链的发展相匹配；为农业产业链融资提供良好的外部环境，加强农业基础设施建设；大力扶持物流及仓储的发展；加强农业担保体系建设，形成风险分担机制，降低农业价值链融资的风险。

# 第六章

# 国内外农业价值链融资的实践

## 一　国外农业价值链融资的实践

### （一）发达国家农业价值链融资

荷兰家庭农场价值链融资

荷兰是欧盟农业高度发达的国家，其土地生产率世界第一、设施农业世界一流，农业的发展高度集约化、专业化。荷兰农业最主要的经营主体是家庭农场，家庭农场的迅速发展得益于荷兰独特的农业价值链融资模式。

（1）荷兰合作社对家庭农场的农业价值链内部融资

自荷兰 1874 年成立的第一个合作社以来，合作社由小到大、由分散到集中、由综合性走到专业化，日益成为了荷兰农业社会化服务体系中的最重要的主体和组成部分。荷兰家庭农场主联合建立的合作社主要是为家庭农场提供社会化服务，其主要特点：一是合作社的专业化。荷兰合作社按其主要业务可以划分为购买、销售、加工、信用和服务合作社，为农场主在其产供销的过程中提供农资购买服务、各种信贷服务等。根据具体经营对象的不同进一步可细分为供应、乳业、养牛、糖业、马铃薯、蔬菜、花卉等合作社，围绕单个品种的农产品，这些专业合作社开发形成了生产—加工—销售的农业产业链，为农场主提供所需的农业生产资料、农产品加工、储运销售和金融服务等。二是合作社成员的多项性。多项性是指家庭农场可以同时加入几个农业合作社成为会员。在荷兰，农场主为满足其生产环节中的各种需求至少要加入 3—5 个不同类型的合作社，这些合作社可为农场主的整个生产链条进行全程化服务。

荷兰家庭农场在长期的探索和实践中，已经形成了自己独特的“合作社一体化产业链组织模式”：以家庭农场为基本生产形式，进行农产品的种植、养殖及培育；以合作社为核心和主导，为会员家庭农场提供各类农资、农机供应和生产性服务（如设备安装服务、技术指导和咨询服务、融资和保险服务等），保障其经济利益；以公司支撑，收购、加工和销售家庭农场所生产的农产品，实现农产品价值。以荷兰乳业为例，在“合作社一体化产业链组织模式”下，奶牛家庭牧场经营者负责生产安全优质的鲜奶，他们可以自由加入和退出合作社。合作社可以为会员家庭牧场提供各类农资、农机供应和生产性服务，集中、优化资源配置。合作社建立的乳业公司，公司股权归该合作社会员家庭农场所有，经营管理公司的董事会和监事会由家庭牧场主选举产生。公司负责家庭牧场鲜奶的收购、加工、销售，延伸鲜奶产业链，从而提高和实现鲜奶的附加值。在这种产业链组织模式中，家庭农场主不仅可以得到合作社的商业信用融资，还可以获得家庭农场合作社的现金分红、债券利息等，这为家庭农场收入实现持续增长提供了重要保障，也为家庭农场进行扩大再生产提供了资金支持。

（2）荷兰合作银行对家庭农场的农业价值链外部融资

荷兰的农业贷款金融机构主要是荷兰合作银行，是农民自己的合作银行，主要从事农业、农业机械和食品工业等行业的金融交易。荷兰合作银行为全国家庭农场主提供了 90% 的农业贷款，帮助其进行农业投资和扩大经营规模，其中，对家庭农场的农业产业链融资成为特色与优势。

一是建立家庭农场金融服务长期合作关系。为家庭农场提供金融服务，荷兰合作银行关注的是家庭农场的业务发展计划、技术水平和创业能力，注重的是选择具有成长性的家庭农场为其提供信用贷款，而不是抵押贷款，基于家庭农场金融服务的可得性，建立长期合作关系。

二是带动家庭农场与农业产业链企业合作。荷兰合作银行的客户遍及大型农业食品公司及合作组织，行业涉及整个农业和食品链。荷兰合作银行通过在客户营销和业务发展中向家庭农场介绍所需的产业链上下游企业、在银行集团总部建立家庭农场与农业产业链上下游客户之间的联系系统、地方成员银行定期组织家庭农场主和农业产业链企业聚会，从而便于家庭农场寻求所需的产业链企业，建立良好的合作关系和进行商业信用融资，致力于为家庭农场提供涵盖食品及农业产业链中所有环节的专业产品及服务①。

三是为家庭农场提供信息技术。荷兰合作银行定位为“以知识为导向的专业型银行”，设有专门的食品与农业研究咨询部门，进行奶业、粮食与种子、农业生产资料等行业分析，为家庭农场提供信息，这大大加快了农业信息在农业产业链的传播速度，使同一条产业链内部的各个利益主体增加信息的透明度，有利于产业链契约的公平和公正②，增加了家庭农场对农业产业链的选择空间。借助信息技术，家庭农场可以优化资源配置，减少融资成本和需求。

### （二）发展中国家农业价值链融资案例

*1. 农产品生产者驱动价值链模式：秘鲁咖啡价值链融资案例*

生产者驱动价值链模式的驱动力来源于价值链的底端。这种模式的成功要面临两大困难。其一，生产者可能并不了解市场需求和价值链中更接近最终用户的那部分参与者；其二，生产者往往都需要争取融资，除非他们找到实力强劲的合作伙伴或者得到了融资协助，或是与可靠的、有竞争力的市场和合作伙伴建立了前期联系。由于缺少产量和规模经济等原因，初期的几年是艰难期，随着时间和支持力度的推进，生产者驱动价值链模式将越发壮大并凭借交易量及市场伙伴的强大而获得融资。秘鲁咖啡合作社是这种模式成功的范例。

---

① 农发行总行奶业信贷研究课题组：《从荷兰奶业和荷兰合作银行的经验看农发行奶业信贷的发展》，《调查研究》2013 年第 10 期。

② 郭静利：《农业产业链稳定机制研究》，中国农业出版社 2011 年版，第 132 页。

在秘鲁的亚马孙地区一些小咖啡种植者具备一定的技术和认证，可以生产高质量的有机咖啡，但由于缺乏资金，致使他们的收入水平并不高。该地区许多的融资机构都认为小生产者是非常有风险的客户，所以基本不发放针对小生产者的农业贷款。去银行贷款的小农户发现贷款的条件非常严格、数额太小或费用太高，并非能显著提高种植产量的投资形式。因此，他们经常从亲戚、朋友或放高利贷人那里借款，这就限制了扩大种植规模的潜力。

在整个咖啡种植的链条中，中间商是咖啡种植者融资的唯一来源，中间商向咖啡种植者提供融资，利用自身优势要求种植者以远低于市场的价格卖出生产的咖啡。从中间商得到的贷款不能满足种植者持续生产的需求，所以农作物的质量和产量都不高。由于生产者协会缺乏足够的资金，虽然种植者将咖啡卖给生产者协会可以获取更多的利润，但生产者协会在种植者交货时不能立即支付价款，因此，也没有能力控制咖啡的价格。为了获取资金，种植者不得不以超低的价格卖给中间商。

2007 年世界信贷联合会理事会与当地信用合作社合作，鼓励信用社运用农业价值链融资来评价与咖啡生产商相关的风险和市场机会。当地信用社通过对咖啡价值链的参与者进行分析，筛选出有价值的参与者并与之合作，不仅提高了自身的竞争力和利润率，同时也提高了生产者的收入水平。

随着融资需求进一步明确化，信用社对咖啡价值链参与者的生产周期、成本、收益和价值的信息进行分析后，按照参与者的实际需求设计出符合的合适产品。所有的参与者签订合同协议以后，信用社向种植者发放高于其生产成本 70% 的贷款，并提供给生产者协会一个短期贷款以便他们能在生产者交货时支付价款。生产者协会以协议价格购买咖啡，通过信用社付款。

信用合作社先为咖啡种植者发放贷款，随后贷款给生产者协会。所有的贷款都准时被偿还，增加了种植者的收入，种植者的产量也明显增加。

2. 农产品购买者驱动价值链模式：乌拉圭大豆种植价值链融资案例

购买者驱动价值链模式通常从买方利益出发，采购一系列产品，运用融资方式推动生产者、加工商和价值链中的其他参与者将产品按指定的条件售予买方。通常来说，一旦涉及融资，这些指定条件则通过订立合同协议来体现，这些协议都可以成为贷款回收的基础。订单农业是最常见的买方驱动型价值链模式，它涉及农场层级或者农民协会层级的合同契约，通常与价值链上一个或多个层级的参与者签订，这些合约可通过正式的法律体系签订，也可以非正式的形式签订，两种形式下签订的协议都具有约束力。订单农业具有主要公司模式的某些特征，由大型加工商、出口商或零售商提供买方信贷，人们把订单农业作为在农产品供应链中获取金融资源的杠杆。订单农业通常有着更为严格的条款要求，规定了生产类型、质量、数量和农产品交货时间，有的还规定了融资和技术支持条款。农户与买家之间通过合同形式或口头形式建立的这些承担义务，向银行家发出信号，显示出价值链的安全性和严肃性。

事实上，由于订单合同的存在，资金可以由农业企业或者某第三方（如银行）直接提供给农户。在第一种情况下，农业企业（如农产品加工商）能够降低其运营风险，因为原材料供应由其与生产商订立的合同保障，这就提高了公司的信用级别，使其更容易增加融资渠道，然后，公司获得的这些资金流向农户，通常是以农业投入和技术支持的形式：在第二种情况下，由于银行认为，当生产者的产品拥有市场保证时，生产者的信贷可靠性则更强，因此订单合同关系可以作为一种虚拟的抵押品，如果贷款机构接受这种类型的抵押品，就可以给生产者贷款。总之，在上述两种情况下，订单农业通常作为一种支持价值链融资的重要机制。在此，以乌拉圭大豆种植价值链融资案例为例。

乌拉圭最重要的农作物是大豆，大豆种植农户一般将大豆卖给仓库，同时仓库可以以实物信贷的形式向农户提供投入品。但是农户如果需要现金购买种植设备或者支付运输费时，仓库则无法满足农户的融资需求。El Comercio 作为一家金融机构，想要扩大其在农村地区的市场份额，通过分析仓库和农户之间的上下游关系，以仓库与农户的合同关系为保证向农户提供贷款降低信贷风险。具体操作流程：首先，农户和仓库签订正式销售合同，仓库向农户提供投入品并承诺以合同上规定的价格购买农户生产的大豆。其次，仓库向银行提供购买合同或者保函为农户贷款提供担保，El Comercio 向农户发放贷款。最后，大豆种植农户向仓库出售大豆，仓库偿还 El Comercio 向农户提供的贷款，并且将贷款余额支付给大豆种植户（宋雅楠，2012）①。

通过大豆种植价值链融资方式，无论是对大豆种植户、仓库还是对 El Comercio 金融机构来说都是有利的。农户可以以种子、化肥等实物形式获得仓库贷款，还可以从 El Comercio 获得现金形式贷款。仓库熟悉农户的信贷历史，与农户建立了良好的网络关系，也为 El Comercio 提供了识别潜在新客户的信息，减少了金融机构寻找新客户的时间和成本。贷款的偿还直接从仓库支付给农户的货款中扣除，也降低了银行贷款的信用风险（宋雅楠，2012）①。

针对融资而言，生产者、卖方和买方之间签订合同带来的好处是十分明显的，因为合同能够减少不确定性和未知风险。无论是正式的还是非正式的订单都是将小规模农户整合进入价值链的可行模式，通过订单合同，能够让他们获得信贷和其他服务。然而，订单农业中最主要的风险就是投机取巧的行为，它可能在预定条件变化时发生。例如，市场价格上涨，高于合同协定的价格，有其他竞争买家介入购买种植合同规定的产品，这些都可能引诱农户背弃自己的合同义务，将产品销售给出价最高的买家。因此，为了订单农业减少风险，可以通过风险缓解策略支持建设透明的、公正的、运作良好的价值链。

3. 协调组织推动价值链模式：秘鲁洋蓟价值链融资案例

小规模农户缺乏技术能力，缺乏持续性保证生产质量和数量，缺乏及时供货的组织能力和资源，时常造成风险增加，如单方面销售。因此，组织和培训小规模农户需要花费更高的交易成本，私营部门不

① 宋雅楠：《农业价值链融资特征及国外经验启示》，《中国物价》2012 年第 11 期。

愿意或没有能力全权负责创建这一能力。事实已证明，面对众多组织无序、没有合同协作经验的小规模农户，非政府组织、政府机构和其他有社会使命感机构通过适当的组织和训练，可以带来小农户收入的提高，可以为小农户价值链的集成和融资提供支持，以促进小农户和小型农业企业整合进入商业价值链。协调组织推动价值链模式已经应用于世界各地，在此以秘鲁洋蓟价值链的开发和融资为例。

洋蓟零售市场并不在秘鲁境内，而是在美国和欧洲，过去的20多年间，在世界范围内对加工过的洋蓟需求翻了一番。西班牙作为最大的供应商，占据了整个市场的92%。而秘鲁试着去占领部分欧洲市场，因为它具有非常突出的优势——拥有廉价劳动力。

秘鲁的批发商代表是直接与加工商建立联系的，很多批发商为了保证有稳定的货源，更倾向于与大公司合作，这样就可以保证稳定的供应。批发商会和加工商签订合同标注好它们会付给的确切价格，而公司能够供应的洋蓟数量也会事先写明。根据合同内容，加工商也知晓自身产品的固定价格，因此可以确定自己能够支付多少钱来购买农民的产品。加工商也跟批发商一样，同样更喜欢与少数几个大的生产商合作，但因为大部分的土地都被分成了散落的小块，加工商通常还是需要从小农户手中购买产品。由于土地被分割成许多小块的，由许多小农户去耕种，企业要与很多小农户打交道。由于担心会有风险，企业要常去确定小农户们是否在认真种植作物。对小农户而言，常常缺乏技术支持和技术知识，不知道使用怎样的投资方式，才能增加高质量的产品的产量，和带来更高的产品价格。

为了改善价值链和促进小农户进入价值链，美国国际开发署的技术支持通过秘鲁减贫援助（PRA）项目识别和促进了洋蓟价值链，看准了市场机遇，发出信息，聚集生产商、加工商和买家来共同满足市场的需求。他们与加工商合作，鼓励开展洋蓟加工业务，随后，主要焦点集中到与当地社区组织合作，鼓励小型生产商种植洋蓟，以及协助促进外部融资的进入。种植洋蓟的风险较高，加工商找到生产商组织，协助它们说服小农户种植洋蓟，为此，它们还提供：合同、固定的收购价格、幼苗和技术支持。幼苗和技术支持实现了生产风险的最小化。农民在收获之前都不用支付幼苗的费用，所以在这个意义上，加工商向农户提供了融资。肥料公司为农户提供服料供应，是将肥料销售给独立经销商，并给他们一定的折扣和商业信贷，就像他们与大型生产商合作的模式一样。然后，独立经销商将商业信贷投放到农户身上，农户则在几个月后收产时偿还贷款。另外，它们还提供免费的技术支持，优化投入品的使用，反过来这又降低了违约风险。

在秘鲁，通常很少有正式的信贷进入农业领域，金融部门大概只有3%的融资是给予农业方面的，许多银行公然宣称不倾向给农业部门融资，只有少部分银行愿意和大中规模的农业企业合作。即使是农业银行和微贷机构，大部分也想要在城市区域开展业务活动。然而洋蓟价值链的开发和融资使得非银行金融机构也开始对农业价值链融资产生了兴趣。特别是农村和城市信用合作社还有小额信贷机构，都开始向小农户开放直接贷款，从而释放了加工商的资金压力，让它们的自有资金可以花在自己身上。

从秘鲁洋蓟价值链的开发和融资中可以看出：农民们需要获得一个包含技术协助和融资服务的“套装”，以获取各种利益；公司之间的合作能够使价值链更有竞争力，真正能起作用的是，一个透明、稳定、链中的成员合作关系；价值链常常引领着农业信贷经营的方向，当价值链中的融资成功时，使金融中介机构也被吸引，开始直接进行农业信贷。

4. 一体化价值链模式：LAFISE农业集团综合性的融资工具和价值链服务案例

一体化价值链模式是把农产品生产商与农业价值链中其他参与者（投入品供应商、中介机构、加工商、零售商和包括融资人在内的服务提供商）连接起来，还通过所有权关系或正式的合同关系把它们整合为一体。

最常见的一体化价值链模式——价值链内部垂直整合。这种整合通常是由大型零售商、批发商或进口商发起，它们专注于消费者需求，并且希望确保投入品、生产和收产后处理能够提供满足这一需求的产品。一体化价值链模式中整体垂直整合的程度取决于单层次联系——从生产到零售的控制——的紧密程度，通常是以契约农业耕作模式或其他的合同买家模式来实现。垂直整合的超市价值链就是体现这一模式的最佳案例。超市与进口商或国内批发商密切合作，及时沟通产品规格信息，如种类、质量、数量及有关卫生标准、可追溯性和余量信息等。信息和服务通过价值链逐级向下传递到生产商，通常还伴有质量控制、技术培训、适量投入品、记录和融资等服务。这种类型的垂直整合尤其适用于新鲜水果和蔬菜，因为这条价值链上的许多产品都需要密集劳动力、人工种植和人工收产，才能达到产出品交付需求。

第二种应用于价值链的一体化模式是一体化服务模式。在此以LAFISE农业集团综合性的融资工具和价值链服务为例。

位于美洲中部的LAFISE农业集团通过一体化金融服务系统和农业价值链系统在价值链每一个环节都扮演着一定的角色，包括产品加工、商品管理和国内以及出口市场。LAFISE农业集团，总部设在尼加拉瓜，有一个Bancentro银行网络，该网络由银行、10个在拉丁美洲、美国的国家金融服务部门以及4个集团公司构成——Argopecuaria LAFISE（农业部门）、Almacendador LAFISE（存储和商品管理）、Seguros LAFISE（保险）和LAFISE Trade（商业）。它也直接和政府组织和民间组织直接合作，目的就是提供所需服务，满足价值链参与者的需要。

尼亚拉瓜是一个农业国家，由于历史冲突、政治突变加上货币不稳定，投资和传统借贷发展缓慢。该国农业基础设施薄弱，气候风险多，如飓风，政治干预严重影响了价格和利率。农产品只能小规模流通，缺乏强大组织的支持。随着该地区自由贸易的引入，该地区才有机会发展，但是也面临着来自国际市场的竞争。尼亚拉瓜农业生产分散，农业生产技术落后，农产品产量低，加上市场信息匮乏，农业各方面都需要资金，由于融资过程不科学，尼亚拉瓜传统模式中间花费和融资代价太高，农民收入过低。在这种情况下，LAFISE农业集团认识到，在当前产品市场系统中，直接对小农场主进行融资是不可取的，价值链必须要有组织性，要精简，要具有现代化。

LAFISE 农业集团为农业价值链提供综合性支持有自己得天独厚的优势。该集团于 1991 年在尼亚拉瓜成立，在其 Bancentro 银行有资金来源。而且它在国际市场上有一定地位，在资本市场、国际金融和商业融资手段方面有丰富的经验。自从成立了自己的农业综合企业——Argopecuaria LAFISE，它就可以给农业部门提供资金，而且开展多种业务，并获得收益。对于价值链的独特理解为它发展金融附加服务打开了大门。

价值链内的主要公司就是 Argopecuaria LAFISE。它在整个过程当中起到了牵头人和组织协调者的作用，包括技术支持、增加产品价值和支付该公司和很多价值链合作，包括乳制品、豆子、大蕉、蜂蜜和咖啡。这些就涉及了农业价值链、牲畜业和农业企业。Argopecuaria LAFISE 设定目标，要把传统的农业生产者转变成为以市场为导向的商业化农户。Argopecuaria LAFISE 和各个生产环节都有合作，加上市场营销和融资，缩短了生产者和消费者之间的距离，“建立双赢关系”。在一些农业价值链中，比如乳制品价值链，它提供的是一整套服务，从投入品开始、收购到加工、包装、批发、零售等。通过合作伙伴，它还活跃于小企业、房地产，以及其他非农业活动中，这些和农业无关的业务却可以使农业部门受益。

LAFISE 农业集团针对农业价值链提供很多支持，从一系列的金融产品（信贷服务或其他）到技术支持以及营销服务。例如，商品管理和仓储、农业商品的交换、中美洲的支付系统、投资基金、管理基金、商品交换市场支持、通过食品加工公司贷款、技术支持、选择性融资、保险、出口等。

LAFISE 已经证明，它在价值链一体化结构系统中可以取得成功。LAFISE 已经比较快地从银行业务发展到多样化的服务，而且还吸取了其他价值链发展的优势。这样就能确保价值链有发展能力，有融资来源，最重要的是，可以开发一个有竞争力的市场。通过伙伴同盟和某一个组织合作，提供技术支持和其他服务，LAFISE 也已经能够吸收不少小规模生产者，要是没有这种伙伴关系，直接去发展这些小规模客户将会非常困难。同样地，LAFISE 合作伙伴和其他农业企业以及出口商协会之间也是这种关系。

## 二　国内农业价值链融资的实践

### （一）五里明镇玉米价值链融资案例

五里明镇是黑龙江省重要的产粮大镇，主要种植作物为玉米。该镇2008年开始以农业规模化发展为方向，加快发展现代农业。成立了1个现代农业开发总公司，下设8个合作社，其中有2个农机作业合作社、5个玉米种植专业合作社和1个米业专业合作社。总公司与农民专业合作社实行“统分结合、以分为主”的管理方式。统是指统一整地、统一良种、统一机播、统一田管、统一收获、统一销售。分是指各个合作社分别成立独立法人，自主经营，自负盈亏，独立核算，在保证总公司的统筹前提下赋予合作社一定的自主权。

1. “五里明模式”参与主体及运行模式

2009年，黑龙江龙江银行肇东支行针对五里明农业集约化经营的大规模资金需求，设计了“公司+合作社+农户+银行+政府+科技”新型独特的“农业供应链信贷”产品，探索了具有现代企业特征的“1+5”运营模式。“1”就是在镇上成立现代农业开发总公司，而“5”是指下设1个农机作业合作社、1个玉米专业合作社和3个玉米种植专业合作社。现代农业是对合作社发展规划、外部协调、投资方向、生产安排、资金使用等实施监督和控制，实行统一整地、统一良种、统一机耕、统一田间管理、统一收获、统一销售的一体化服务，形成了利益共享、风险共担的经营模式。在5个合作社的利润中，有5%作为总公司运营管理费用，剩下的95%中，35%作为合作社发展的基金，60%分给入社的农民。具体运行模式：农户以土地入股加入合作社，通过土地流转由单一农户生产方式转变为农民专业合作社集约化和规模化经营管理；银行与合作社签订协议，以合作社股东发起人代替农户成为承贷主体，公司或农户提供连带责任保证，并且积极探索土地承包经营权流转抵押方式；农户合作社中粮与肇东签订粮食购销合同，中粮收购合作社农产品，以订单形式解决了粮食销售渠道；银行与中粮肇东签订协议，由中粮肇东协助银行将合作社贷款本息从粮食收购款中代扣，确保银行信贷资金的封闭运行；银行与东北农业大学对玉米种植及收割全过程提供技术指导，定期发布病虫害等灾情预警预报和防控；政府为合作社提供基础建设和大型农机具的支持①。

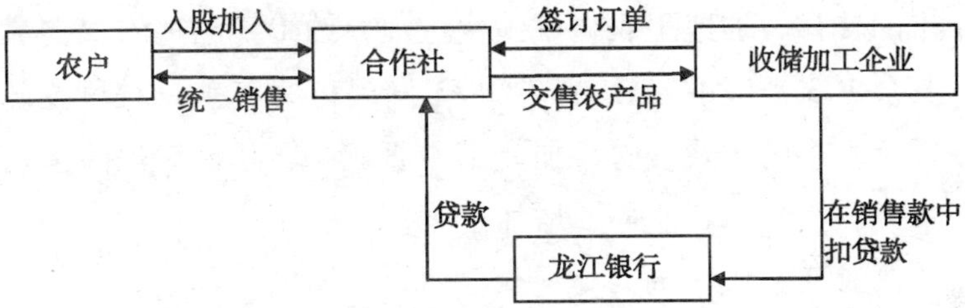


**图 6－1　黑龙江五里明镇融资模式**

这种模式将合作社、农户、银行和龙头企业各个方面有机结合起来，实现了土地规模经营，带动了粮食增产、农民增收。同时也给龙江银行带来了巨大的经济效益，其间接收益如储蓄业务、卡的业务量也得到了提升。中粮集团、合作社、银行、农户等各方有机结合，促进了土地规模经营，带动了粮食增产、农业增效和农民增收。

2. “五里明模式”的实施效果

各主体之间有机结合，促进了土地规模经营，带动了粮食增产、农业增效和农民增收，实现了各方的互利互惠共同发展。对中粮公司来说，推动了订单农业的发展，稳定了粮源，降低了财务费用，便于实施低成本战略。对大部分农户来说，在收入增加的同时，劳动力从土地中解放，可从事其他经营。对土地规模化经营的种植大户来说，身份从传统农民向产业工人转化，收入水平得到提升。在农业价值链融资模式的推动下，五里明镇土地规模化经营面积由最初的 1 万亩增至 7 万余亩，农民亩均纯收入增加 300 余元，每亩增加 600 斤，为中

① 黑龙江银监局：《供应链金融契合农业集约化经营的实践与启示——基于黑龙江省肇东市五里明镇的个案研判》，《中国农村金融》2011 年第 4 期。

粮集团稳定粮源5万余吨。对借款主体合作社来说，其融资门槛降低，议价能力增强。对银行来说，龙江银行对该区域累计投放贷款2000余万元，贷款产品收益率达到8%以上，带动了银行间接受益的增加，并在低风险下，开拓了新业务品种，增加了客户群，带动了储蓄、银行卡等业务量的增加，提高了银行创收能力，差异化经营策略得以实施。对政府来说，推动土地规模化经营，促进了农村剩余劳动力向城市的转移，加速了农村城镇化进程，约1/3当地农民向城镇化转移，其余1/3被吸纳入社劳动，1/3发展畜禽养殖。对科技部门来说，获得了更多的实践经验，加速了科研成果转化。对保险公司及信托公司来说，拓展了新业务，增加了收益。

3. “五里明模式”的启示

“五里明模式”为农业价值链融资在我国的发展提供了范本，其创新之处对推动农业价值链融资的实践有借鉴意义。

一是提高农民的合作化程度，降低交易成本。“五里明模式”中，镇政府成立了胜利农业公司，胜利农业公司下设专业合作社，农户以土地入股加入合作社，提高了农民的组织化程度，农民的弱势地位得到改变。同时，龙江银行将胜利农业公司及其合作社作为客户，开发了“农信通”等信贷产品，金融工具的创新使龙江银行为农户提供金融服务的交易成本大为降低。

二是创新农村抵押品，增强合作社融资能力。中粮信托利用信托的财产隔离制度功能，以玉米种植合作社为借款主体，为龙江银行发放的贷款设计了“土地承包经营权信托”和“鱼塘承包权信托”，并利用信托受益权质押为合作社贷款提供担保，解决了合作社贷款抵押品不足的问题，增强了合作社的融资能力。

三是降低农业信贷风险，参与主体实现共赢。镇领导和加入合作社的农户，作为股东都须与龙江银行签订个人担保合同，为贷款承担连带责任，有效降低了贷款的信用风险；中粮集团与合作社签订订单，承诺以高于市场的价格收购农产品，规避了价格波动风险，稳定了粮源；龙江银行通过中粮集团的资金账户划拨资金，确保信贷资金的封闭运行，较好防范了信贷风险。

4. 推广“五里明模式”需要考虑的问题

“五里明模式”为农业价值链融资服务农业产业化树立了范本，但在全国推及农业价值链融资服务农业产业化还存在一些问题。虽然农村信用环境不佳、农业保险机制缺位、法律和政策不健全等问题已被发现并逐步改善，但是一些问题亟待解决。

一是农业价值链融资的模式设计要求高。农业价值链融资的多主体性、各地农业产业化发展的地域性，对农业价值链融资支持农业产业化的模式设计提出了较高要求。首先，农业价值链融资的具体模式涵盖多个主体，需要对融资方式进行设计、组合，使各主体既分工明确，又都要受到激励，才能实现共赢，实现项目融资。其次，由于我国各地具体情况不同，农业产业化路径各具特点，加之我国农村信用体系不健全，农业价值链融资模式的设计必须结合当地农业产业发展模式的不同特征进行创新。最后，在实际操作过程中还要根据实际情况选择基于货权、债权抑或是连带责任的农业价值链融资模式。因此，农业价值链融资支持农业产业化的模式设计是个难点，需将相关金融原理和我国“三农”问题相结合，才能设计出较为完善的模式，使得农业价值链融资有效地支持农业产业化。

二是核心龙头企业的作用弱。根据本案例的分析，龙头企业是农业价值链融资中的重要环节，但根据已成熟的“五里明模式”，发挥主导作用的是政府，而非企业。这反映出，现阶段核心龙头企业在农业价值链融资支持农业产业化的实践过程中仍从属于配角。事实上，核心龙头企业在农业产业供应链中与其他主体之间联系最为紧密。从核心龙头企业自身而言，作为农业产业化的主力，农业价值链融资工具的运用得当对于稳定其原材料供应有积极作用；从其与农户关系来看，作为买方其有充足的激励与农户建立稳定的关系，并且在这一过程中比金融机构更能了解农户及市场的具体情况；从其与银行关系而言，由于农村信用体系不完善，导致农户贷款风险较高，发展缓慢，但在农业价值链融资模式下，由于核心龙头企业大都拥有良好的信用资质，为整个农业供应链注入了信用，才使得银行的放贷得到保障。此外，核心龙头企业在实际的发展过程中，也与当地政府和技术服务机构有着良好的互动。因此，核心龙头企业在农业价值链中融资支持农业产业化的作用有待进一步提升。

三是农村产权制度改革需加强。农村产权制度包括土地产权制度和除土地以外的其他产权制度，其中最重要的是土地产权制度。对于产权制度，不仅是一种财产保护权利，同时也是农业资源和农村中的资源实现资本化的一个基础。在农业价值链融资的实际操作中，由于农村产权制度的不健全，导致了农村有效抵押品不足问题凸显。我国农村土地制度试点工作虽已在部分地区开展，但就全国范围而言，我国农村地区土地在集体所有制的框架下难以得到有效流转，不能成为有效抵押品，造成了农村有效抵押品不足的现实。因此，如何在现有的制度框架内创造性地发现和利用农村有效抵押品成为农业价值链融资能够实施的关键。虽然“五里明模式”中，龙江银行与中粮信托合作对抵押品进行有效创新，使得农业价值链融资服务当地农业产业化可以顺利进行。但是，仅靠创新而没有相应的制度保障，在更大范围内推广农业价值链融资支持农业产业化，会使推广成本增加，难度增大。因此，必须从全国范围内建立健全现代产权制度，明晰产权，并有相应的法律制度配套，使得产权的自由流动有法可依。这样，农业价值链融资支持农业产业化才能有较大突破和发展。

### （二）赤峰林西县制糖农业价值链融资案例

2012 年，人民银行林西县支行根据林西县制糖产业发展的实际情况，开发了“链式贷款”信贷产品，引导林西县涉农金融机构合力助推林西县制糖业发展，在运行过程中取得了良好的经济效益和社会效益。“链式贷款”是林西县涉农金融机构根据制糖产业化发展的实际需要，为满足甜菜种植、原料供应、生产加工、产品销售等农业产业化链条中各环节主体的资金需要而发放的专项贷款。

1. 基本原理

资金流随产业链条延伸而延伸，覆盖产业化生产全过程，银行先发放贷款支持基地订单农户进行甜菜种植，再发放贷款支持龙头企业收购加工农产品，订单农户收到销售甜菜款后归还银行贷款，龙头企业加工销售产品后归还银行贷款。

2. 框架构成

2013 年年初，由人民银行牵头，政府主管农业副县长参加指导，农业发展银行、农业银行、农村信用社等涉农金融机构与龙头企业、专业合作社、农户、政府签订五方协议，明确金融机构通过“链式贷款”支持制糖业发展的主要内容和相关条件，同时确定协议各方承担的各项责任与义务，进而形成了林西县涉农金融机构合力支持林西县制糖业发展的基本框架。

3. 基本成效

2013 年上半年，林西县农业发展银行、农业银行、农村信用社等三家涉农金融机构通过“链式贷款”共向制糖产业发放贷款 3. 4 亿元，比上年同期增加近亿元，增长 42%，其中发放流动资金贷款 3. 2 亿元，固定资产贷款 0. 2 亿元，有效满足了制糖业各环节生产资金的需求。

一是壮大龙头企业，农发行强化对企业的信贷支持。上半年，农发行进一步加大对制糖业龙头企业冷山制糖公司的信贷支持力度，累计为企业发放贷款 14000 万元，比上年同期增加 5000 万元，增长 55%，其中发放流动资金贷款 12000 万元，固定资产贷款 2000 万元。通过信贷资金的大规模投入，进一步提升了企业的生产能力，目前，企业已具备日处理甜菜 3000 吨的生产能力，提升企业产能近一倍。

二是培育种植基地，农村信用社依托农民专业合作社着力建设种植基地。上半年，农村信用社对冷山制糖公司进一步增加授信，授信额度已增至 9000 万元，并确保企业出现资金短缺时，能以最大额度和最快速度及时进行信贷支持。同时，依托于农民专业合作社对甜菜种植户实行“一次核定、随用随贷、余额控制、周转使用”的办法，为借款客户简化办贷手续和融资成本。2014 年农村信用联社为近万户甜菜种植户进行了信贷支持，发放贷款 18569 万元，占信贷投放总额的 18. 61%，确保基地生产稳中趋增。

三是拓展业务经营，农行信贷支农迈出新步伐。“链式贷款”的开展为农业银行经营转型，开拓“蓝海”市场，实现国家赋予的“服务三农、商业运行”重任探索了新路子，同时也为农业银行重新进入农村市场找到了切入点、契合点与共赢点。上半年，农业银行通过3户联保形式为200余户甜菜种植户发放贷款1000万元，占全行贷款投放额的14.29%，贷款发放额及占比较往年均有大幅度提高，对制糖业的支持逐步纳入林西县农业银行支持县域经济发展的规划之中。

四是增加利税收入，银地、银企、银农多方共赢的良好局面初步形成。2014年涉农金融机构的信贷投入，带动林西县及周边旗县甜菜种植15万亩，可拉动农民增收1.6亿元，为企业创造利润5000万元，预计实现税收3500万元，林西县制糖业已经形成集种植、加工、销售于一体的完整的农业产业化供应链体系，经济效益和社会效益显著。

4. 农业价值链融资存在的问题

（1）受稳健货币政策及农业风险影响，贷款规模有较大波动

近几年国家一直实施稳健的货币政策，在贯彻执行中，贷款规模控制日益严格，大部分商业银行的授信额度日趋紧张，在优先发放优质客户后，像农业价值链融资这样的创新型贷款模式一直难以满足，相关农业贷款发放受到制约，部分地区还有规模放缓的趋势。如宁城县这样的农业大县农业价值链融资贷款2010年发放25000万元，2011年下降到21500万元。

（2）受金融环境制约，缺少为客户“量身定制”符合其特点和需求的个性化供应链贷款产品

农业价值链融资需针对不同类型的客户和上下游企业提供更加多样化的服务，因此金融机构要主动根据客户的具体信息来量身定制金融服务。而在经济欠发达地区，受金融环境和上级政策制约，地市级金融机构尚难以提供更多更灵活的产品和服务。如宁城县目前只有农行推出的“农户+基地+龙头企业+小额贷款”信贷产品，产品单一，资金需求满足率不高，多数地区难以为农业产业化龙头企业提供全面的农业价值链融资服务①。

① 董黎明：《农业产业化供应链金融支持模式研究——赤峰案例》，《华北金融》2014年第2期。

（3）参与农业价值链融资贷款融资机构偏少，难以形成一家专业化农业价值链融资特色银行

目前，赤峰市共有金融机构营业网点720多家，但开办农业价值链融资业务的金融机构网点（行）仅有4家，覆盖面较低。农业价值链融资作为一种整体性、高技术含量的融资模式，对金融机构的风险控制水平有较高的要求，如果不掌握专业化的操作平台，金融机构难以成为专业化农业价值链融资特色银行。

（4）模式风险有待评估，随着融资工具向上下游延伸，风险也会相应扩散

由于农业价值链融资贷款融资的信用基础是基于供应链整体管理程度和核心企业的管理及信用实力，金融利益也会向核心企业集中，但其实风险也相对集中了。目前赤峰市金融机构支持的企业还没有建立起完善的信用和资金管理体系，资金管理能力不高，若融资出现风险问题，会迅速蔓延至整个供应链条，引发金融风险①。

（5）信用体系建设落后，供应链成员相互之间以及与金融机构之间并没有相对可靠的信用保证

中小企业在采购、生产、销售数据等方面，可能对银行采取虚假或不实信息的行为，使银行无法获得真实数据，难以有效采取相应的管理措施，无法降低资金的使用风险。金融机构无法独立完成对供应链所有企业相关数据的调查和分析，从而不能准确了解供应链的整体情况。难以利用自身的专业优势对企业的行业发展前景做出全面、准确的判断，从而不能准确了解供应链的整体情况，这将使其无法根据供应链成员的决策和经营，调整相应的信用贷款或服务方案②。

① 董黎明：《农业产业化供应链金融支持模式研究——赤峰案例》，《华北金融》2014年第2期。

② 冯静生：《供应链金融：优势、风险及建议》，《湖北农村金融研究》2009年第11期。

（6）核心企业缺乏供应链管理经验，相关上下游企业经营方式、公司治理结构不健全

核心企业经营风险易造成潜在风险在产业链中的快速“传染”，加大银行信贷管理的难度。上下游中小企业的供应链管理意识不强，对核心企业的归属感不强，因此多数供应链条显得松散和不稳固。

5. 推广农业价值链融资需要考虑的问题

（1）核心企业应提高供应链管理能力

核心企业要通过良好的企业形象和财务管理效能，吸引更多的供应商和经销商，通过企业之间的优势互补，对物流、信息流和资金流的有效整合，达到强化成本控制、优化资源配置、提升整个产业链在市场的竞争力。

（2）上下游企业应加强自身实力

供应链上下游中小企业应加快业务发展，加强自身的经营管理，不断优化财务运行模式，积累信用记录，实现信用增级，树立良好的企业信誉和形象。

（3）各级政府要积极做好环境营造和平台搭建的工作

积极培育中小企业全方位、多层次的社会化服务体系，严格违信惩罚制度，对恶意逃废银行债务的企业实施联合制裁，为大力发展农业价值链融资营造一个良好的信息平台和生态环境。

（4）积极探索建立小企业贷款的风险补偿机制，提高金融机构对中小企业的支持的积极性

由政府牵头，尝试建立风险补偿基金，用于弥补因自然灾害等不可抗拒原因形成的损失；建立完善的农业保险体系。增强涉农保险业务的覆盖面，将农业保险机构纳入到农业产业链式贷款之中，解决农户、龙头企业和银行的后顾之忧。

（5）金融机构要加大对农业价值链融资的支持力度

各金融机构应该增强战略意识，组织相关人员进行研究，制订发展农业价值链信贷业务的实施方案，加强管理，抓好落实，建立起一套拓展农业价值链业务的快速反应机制；进一步优化业务产品，农业价值链企业贷款业务要突出满足企业业务需求的“短、平、快、急”

特点。商业银行要在风险可控的前提下，适当降低农业价值链企业信贷准入门槛，推出功能多样、担保方式灵活的信贷品种，使农业价值链企业能根据实际情况进行选择，满足不同客户群体的业务需求；针对农业价值链企业客户“短、平、快”的融资需求，加强风险管理体制改革。通过再转授权，将审批权限全额再转授至经营机构，实行贷款审批人“双签”或“单签”审批的特殊审批机制，提高会签的审批频率①。

（6）金融机构提高风险控制和技术管理水平，提升人员素质

针对农业价值链融资信息技术水平落后的问题，金融机构应构建或升级专门的信息技术支持平台，推进对农业价值链融资物流、信息流、资金流的实时处理。通过业务的线上改造，将目前手工作业的银企合作升级为电子平台，适应多行业、多主体的信息流监控。人员方面，无论是国有银行还是地方金融机构应加强人才引进、专业人员培训，建立一支覆盖前、中、后台的专业化队伍，特别加强对客户经理、操作人员的培训，提升其对农业价值链融资产品政策、流程等全面掌握，并可建立相应的从业人员资质认证制度，要求从业人员持证上岗。

### （三）农业银行蔬菜价值链融资案例

峨眉山市具有悠久的蔬菜种植历史，蔬菜业是峨眉山市主导产业之一。农业银行峨眉山支行支持蔬菜产业规模化发展，创新金融服务模式。针对蔬菜产、供、销一体化产业链条，开展了“农行+龙头企业+专业合作社+基地农户”蔬菜价值链融资模式。

在该模式中，龙头企业峨眉山金丰农产品种植营销有限公司是一家集蔬菜种植、开发、仓储、营销等为一体的综合性农产品种植营销有限公司，基本职能是负责对基地内农户提供优良蔬菜种子、农药化肥，无偿提供技术指导；提供蔬菜品种市场信息和询价指导，与农户

① 董黎明：《农业产业化供应链金融支持模式研究——赤峰案例》，《华北金融》2014年第2期。

签订保护价收购协议；负责产品销售和渠道拓展。同时成立专业合作社，主要负责组织农户开展蔬菜生产。基地农户也是专业合作社成员，与龙头企业建立稳定的利益联结机制。农户按照龙头企业的要求种植蔬菜，龙头企业承诺以确定的价格收购农户的蔬菜。农业银行作为金融机构，向蔬菜价值链提供外部融资。合作社向农行推荐基地内优良个人客户、基地农户向农行申请农户小额贷款，用于发展生产；龙头企业为贷款提供保证担保，或合作社社员组成联保小组，签订联保协议，小组成员互相对其他成员贷款承担连带担保责任。

在整个模式中各个主体组成利益统一体，解决了农户小规模融资难的问题，降低了金融机构的交易成本和风险。农户和龙头企业签订种植销售合同，降低了经营风险，合作社解决农户种什么、怎么种、种多少的问题。同时龙头企业与农户签订保底价收购协议，提高农户议价能力。蔬菜龙头企业、合作社向银行推荐优质、守信的农户，减少了银行对农户信息搜索和评估成本，提高了对农户的风险识别和判断能力，降低了贷款风险。龙头企业担保、社员之间互保降低了银行风险；签订销售合同在降低龙头企业经营风险的同时，也降低了银行向龙头企业发放贷款的信用风险，而银行向企业发放贷款，则提升了企业经营能力和对农户的带动作用，增加了蔬菜价值链的稳定性。通过价值链融资，有效缓解农户的贷款难问题，带动蔬菜产业发展和农民增收。

### （四）温氏农业价值链融资案例

1. 温氏的价值链融资简介

广东温氏食品集团有限公司创立于 1983 年，是一家以养鸡业、养猪业为主导、兼营生物制药和食品加工的多元化、跨行业、跨地区发展的现代大型畜牧企业集团。目前已在广东省等全国 20 个省、市、自治区建成 110 多家一体化公司。据广东省农业厅发布的资料表明，温氏集团 2006 年上市肉猪 132 万头、肉鸡 4.53 亿只、肉鸭 85 万只，销售冰冻鲜鸡 1129 万只，总销售收入 78 亿元，农户 3 万户、农户获利 7.2 亿元，户均获利 23800 元。2007 年上市肉鸡 5.4 亿只、肉猪

181.8万头、肉鸭682万只，总销售收入118亿元，同比增长53.7%，农户3.65万户，农户获利11.36亿元，同比增长59%，户均获利3.2万元。从1983年到现在，公司经受了近30年的市场考验，温氏集团的规模不断壮大，已经成为广东省最大甚至全国比较成功的农业产业化龙头企业。

温氏之所以能有现在的业绩与其价值链融资的方式息息相关，它以其独特的视角看到了农村市场的这一需求。温氏集团的产业结构为（1）上游产业为粮食贸易、动保、农牧设备。（2）主导产业为养殖业（养鸡业、养鸭业、养猪业和养牛业）。（3）下游产业为食品加工、有机肥生产和蔬菜种植。三者构成了温氏公司的结构流程。这是一条非常完整的产业链条，其主导产业养殖业采用的就是价值链融资的方式。在广大农村地区，富余劳动力充足，但是资金相对匮乏，目前农村地区金融业发展缓慢，很多农户想在信用社贷到大笔的资金是非常困难的。温氏正是看准了这一点，对于加入其公司的养殖户提供类似于金融机构的信贷方式。以养鸡为例，公司免费提供鸡苗、饲料、药品，还有专门的养殖技术员定期指导农户相关专业的养殖技术。其公司还有专门的市场部，负责联系市场，农户可以不必关心市场风向的问题。等到幼鸡长成之时可以卖向市场的时候，以农户和市场为两端，公司为中介将鸡推向市场。在这过程中，市场给公司的价格与公司给农户的价格之间有一个价格差，公司通过这个价格差收回之前对农户的投入，这样农户通过自己的努力赚取一定的利润，公司也得到一部分利润，形成了双赢的局面。这就是一个比较典型的价值链融资过程，在农户养殖到正式将产品推向市场的过程中，农户并不需要向金融机构贷款，温氏公司提供了这过程中的大部分的资金投入，劳动力的投入则是农户提供①。

2. 温氏价值链融资的效果

一是有效地解决了小农户大市场的问题。家庭联产承包责任制下

① 姚淑芬：《农业产业化龙头企业的价值链融资探讨——以温氏集团为例》，《重庆科技学院学报：社会科学版》2011年第4期。

的各家各户特定的经营方式，使得单个农户的力量非常薄弱，然而势单力薄的农户却要与市场经济条件下千变万化的大市场面对面。这样的矛盾在一定程度上制约了农村生产力的发展，影响农村经济的高速增长。但是在温氏集团这种“公司+农户”新型模式带动下，一家一户很分散的家庭式生产单位便自然与企业成为了一个利益共同体，共同承担风险，共同分享利益，这种模式有效防止了畜牧品市场上的不稳定性以及较高的风险性。这样畜牧业就走上了产业化经营的道路，实现了小农户与大市场的有效对接。

二是有利于农产品市场的开拓。除生产本身的风险以外，农产品经常会出现的问题就是买卖难的情况。与普通的单个农户相比，农业产业化龙头企业的资金比较雄厚，生产能力大，而且还能带动大范围的生产基地形成强大的市场供需能力，具有生产规模上和抗风险能力上的优势，所以就成为了区域性的信息价格形成的非常重要的源头。温氏集团在我国现阶段的很多地方就是这样一个龙头企业。另外，在同国内外企业展开合作的过程当中，龙头企业由于信息掌握得大量且及时，所以能根据国内外市场上的行情进行生产与加工，同时也为农副产品及深加工产品的进一步发展壮大拓展了空间，提供了机遇。像温氏集团，现在已经不仅局限于一体化养殖，公司的领域已经扩展到相关的蔬菜种植行业、动物保健行业、饲料生产业、农牧设备甚至化肥生产等领域。这些产业2007年的产值达20.6亿元，占其总收入的17.53%。温氏集团这种“公司+农户”模式的出现，不仅使得农产品经常出现的买卖难现象得到了缓解以至解决，而且还推进了国际及区域性市场纵向横向一体化的形成①。

三是降低了农业投资风险。众所周知，农业生产普遍的规律是生产周期长、见效缓慢，并且极容易受到自然条件和气候的影响制约，因此农业生产中的投资就面临着一定程度上的风险。如果只是单个独立组织或者是单个农户进行农业生产，那么他必然要独立地承担各种

① 姚淑芬：《农业产业化龙头企业的价值链融资探讨——以温氏集团为例》，《重庆科技学院学报：社会科学版》2011年第4期。

各样的市场风险，而如果采用像温氏集团的这种“公司+农户”模式来进行生产的话，就能够在公司和农户之间建立起有效的利益连接机制，做到共同承担市场风险，共同享有生产利益。不论从哪一方来说，都是利大于弊。从公司的角度来说，避免了原料供应不足影响进一步生产的风险；从农户的层面来说，解决了农户在生产中的技术不足、在产成品上难以掌握市场行情导致卖出难的风险，只有如此才能真正实现双赢。

3. 温氏价值链融资的关键点

（1）非核心业务的外包。随着农牧产品深加工程度的提高，农业价值链由短变长，其增值环节自然也变得越来越多，农产品从生产一直到最终消费者的手中所形成的一系列价值链环节已经不再是由一个企业完成，而是越来越多的企业分工完成，每个价值链环节都能分享到价值的增值。因此，越来越多的企业把产生核心能力的战略环节严格控制在本企业的内部进行生产，而将一些非战略性的环节外包出去，这就是通常所说的业务外包。业务外包就使得市场上出现了若干相对独立的并且具有一定比较优势的价值增值环节。对于农业产业化的龙头企业来说，企业需要充分发挥农业产业化经营组织、物流配送以及科研机构、智力中介组织的作用，将农牧产品新品种的获取，采购以及运输还有员工培训等非核心业务外包，而将企业内部资源更多地集中在产品的工艺流程、设备的改进、营销过程和企业制度文化层面的管理创新。

（2）建立起战略联盟。战略联盟指的是两个或多个企业为实现一定的战略目标而通过特定的方式结成的网络式联合体。其通过对各个联盟中的成员在技术、信息、资金管理上的重新组合来获得更大的市场竞争优势。农业产业化龙头企业想要发展壮大，就必然要求企业跟农产品原料的供应商和农业经济组织之间通过供销协议的签订来建立起长期并且稳定的供需联盟。企业要想更好地实现新产品的开发、市场销售的创新和品牌的推广就必须考虑建立稳定的战略联盟，只有建立起稳定的战略联盟才能使企业更加没有后顾之忧地谋求发展。它的优势在于战略联盟能促使新产品快速地渗透市场，或者换一种说法是使产品成功进入新市场。与此同时，也能在一定程度上增强企业的研发能力，研发能力的增强结果就是缩短新产品的开发周期，实现资金、技术和市场方面的优势互补，聚集联盟中各企业彼此在价值链上不同的专长，整合分散的资源，快速增强企业的实力，获得新的生产技术，进一步提高企业运作速度和效率，最终实现优势互补，扩大企业的市场影响力和市场份额，使企业发展壮大。

（3）动态地实施价值链管理。农业产业化龙头企业应当正确审视企业所处的价值链环节或者是企业内部价值链环节，认识到企业的价值链位置，从而通过内部业务重组、流程再造等一些措施，将供应者、生产者、加工企业、销售者直到最终消费者连接在一起，形成一个价值创造的整体，并将企业内部的各部门、各业务活动以及各种资源进行有效的整合，最终形成集成化的价值链体系，这样才有可能取得最优价值链运行结果。面对动荡激烈的市场竞争形势，科学技术的日益更新和顾客需求的千变万化，企业必须要有不断地调整其核心产品、核心业务以及核心竞争优势的能力。获取这种能力最行之有效的办法就是动态地实施价值链管理。龙头企业作为某区域该行业的龙头老大，所面临的最大的问题就是革新意识不够强，究其原因就是阻力太大。所以龙头企业必须要时刻加强危机意识和不断进取的精神，勇于革新，实施信息化和数字化的运营管理①。

### （五）山东得利斯公司的担保融资模式

山东得利斯集团以农业、畜牧、生物和食品四大科技平台为依托，形成了集良种猪繁育、饲料生产、标准化饲养、粮油加工、肉品加工、兽药防疫、生猪屠宰、生物工程及物流销售于一体的供应链。青岛平和担保有限公司依托六和集团成立的，并由地方政府参股的担保公司。其中，六和集团每年投入60%—70%的资金，政府投入30%—40%的资金，专门为平度市种养殖户和中小企业提供流动资金

---

① 姚淑芬：《农业产业化龙头企业的价值链融资探讨——以温氏集团为例》，《重庆科技学院学报：社会科学版》2011年第4期。

担保贷款，平和担保有限公司现已和农村信用社、青岛银行平度支行两家金融机构达成合作协议。

该公司供应链中养殖户的流动资金是通过以下两个途径来获得的：一是内部融资，包括龙头企业提供的仔猪、种猪和技术，以及饲料企业提供的补贴；二是外部担保，青岛银行平度支行为养殖户提供的担保贷款。下面主要介绍担保贷款的流程。

第一，得利斯公司通过对农户的生产和信誉的了解和掌控向和平担保公司提供优质的贷款农户。养殖户需由本人作为借款人办理手续，签订《委托担保合同》，声明同意平和担保公司以保证的方式对农户从青岛银行平度支行取得的贷款提供担保。平和担保公司执行的青岛银行平度支行的月利率为 0.5265%，养殖户除承担银行利率外还要缴纳 0.3% 的担保费和 10% 的风险保证金。若农户有违约行为，则由担保公司用此来支付欠款。

第二，养殖户与担保公司签订《棚舍抵押协议》，以棚舍作为抵押，在养殖期间则以活物作为抵押，若养殖户出现违约现象无法按期归还贷款，则由担保公司对抵押物进行租赁或出售等。

第三，平和担保公司提供担保的条件之一是得利斯公司为农户提供反担保，这使得平和担保公司并不是农户贷款风险的最终承担者，而是与得利斯公司进行了风险分担。一旦农户违约，担保公司在代为偿付后可以要求得利斯公司执行债务责任，代农户偿还贷款，因而降低了担保公司的风险。

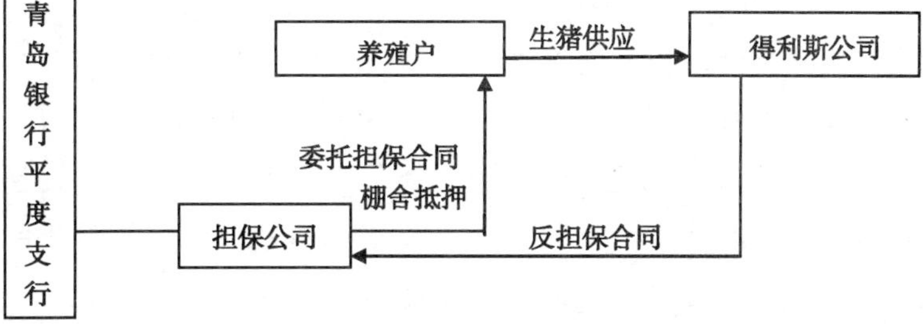


**图 6－2　得利斯公司的外部融资担保流程**

## 三 国内外农业价值链融资的经验

与传统的农业融资模式有所不同，农业价值链融资需要金融机构或其他资金提供者了解整条价值链的运作和交易过程，由此适应新的市场环境，设计适当的金融产品，满足农业产业化经营过程中的资金需求。

### （一）价值链融资是一个综合全面的融资模式

价值链融资是一个综合性、全面的融资模式。农业价值链融资不仅仅是金融机构或其他的资金提供者设计出的单一的融资工具和确定好的融资步骤，它还包括了对整个价值链链条内部运作的分析和价值链内部所有要素的系统分析。以墨西哥龙舌兰供应者的间接融资为例，龙舌兰的生产是一个很复杂的活动，具有高度周期性的特点，主要通过小农户获得少量的正式融资来生产，且受价格波动影响很大。作为一个金融机构的资金提供者，对于追求利益和资金稳健的要求，不会为单个的龙舌兰生产者融资，而愿意为龙舌兰酒生产者融资，龙舌兰酒生产者为保证原料的供应为龙舌兰生产者融资，这样龙舌兰生产者获得了金融机构的间接融资，而长期的耕种风险由制酒者承担。而另一个来自英格兰的例子，直接为超市肉供应商融资。因为这个价值链有两种相互依赖的环节。它们不是独立的，而是被一个长期的生意关系联结起来。融资机构愿意冒风险，因为即使供应者和零售商之间没有正式的合同，我们也知道它们之间的合作关系。简单地说，金融机构了解整条价值链，以及链之间各环节的合作关系，从而选择直接融资。这个价值链具有这样的特点：供应者和零售商是相互依存的，零售商是市场领导者，链的两个环节有长期的贸易关系，超市的肉大部分由供应者提供，肉的加工过程不容易被复制。金融机构愿意在英格兰做这些，是因为我们相信法律机构。在世界上的其他地区不一定具备这样的条件，公共政策是非常重要的因素。因此，在选择农业价值链融资时要根据不同农业价值链的特点分析风险和价值链的竞争力，具体选择融资工具和方法。

### （二）价值链融资的可行性离不开价值链内部人员的知识水平

价值链的发展力量大多是从事加工和农业输出品营销的商人，他们对于自己行业和价值链内其他部门的了解远远超过金融机构本身对自己的了解。在许多国家，由于信息不透明，他们之间的信息鸿沟很大。企业提供给金融机构的资产负债表有可能不可靠，业务交易存在隐藏风险。尽管通过价值链融资方式不能完全解决这些潜在问题，但是银行可以有更多的资金和技术信息参考点，这样可以有效降低风险。帮助价值链获得整体价值增值和竞争力的提升是金融机构与农业价值链各融资主体获得双赢的主要办法。如 USAID 在拉丁美洲，除了阿根廷、智利、乌拉圭和哥斯达黎加，它都在积极地开展活动。它主要为民间团体协会和私营部门服务，同时也和政府机构打交道，但是是作为一个合作者而不是以援助者的身份。为了分析和改善整个价值链以增加贫穷国家的财富，USAID 在基于概念框架下干预农业产业价值链的融资。它对于从生产到需求的各个环节都非常关注，虽然是站在一个全局的角度关注整链，但是会尤其密切注意链中的容易有创造更多财富机会的某一些环节。在工作当中，它常常强调持续性这个概念，帮助农业价值链的竞争力的培养和技术支持，以及农业科技研究。价值链内部人员的知识水平和价值链的整体竞争力决定了价值链融资的可行性。

### （三）金融机构使用技术援助满足市场需求来提高还款率

农业价值链中最大的制约因素并非融资。非融资性障碍是巨大且关键的，如这些农产品价值链存在最显著的缺乏技术理论、缺乏适当的技术、缺乏售后的管理、缺乏分配渠道等，这一切的后果是——缺乏融资。满足市场需求是农业价值链融资的基本要素，技术援助可以作为一项长期有效和可持续的方法。在许多情况下，小规模生产者和从事农产品加工的中小企业缺乏资金来改善其生产技术，金融机构采取技术援助的方法，以帮助他们满足市场的需求。例如，Norminveggies（2010）证明，在交货的质量、数量、品种和频率方面提供一系列的技术援助，有效地满足市场需求，可以发展小规模生产者集群，从而促进农业价值链的良性稳健的发展，提高还款率，降低信贷风险。因此，强化农业价值链绝不仅仅是改善信贷投放，还要满足对农业价值链提高竞争力、提升产品质量和多样化的需求，只有这样企业才能生存，才能保证农业价值链的有效融资。

### （四）专注于可持续发展，关注商业市场的开发和利用

农业价值链中私营部门的参与是非常重要的，既能保证持续增长，又能为价值链吸引融资资源。私营机构的买家非常重要。在缅甸，豆类出口商为农民提供融资以扩大生产和生产力。这些产品的出口需求和国内需求的迅速增加使出口商抓住机会向生产者提供信贷，增加供应。这些产品的出口在1989年之前由政府集中控制。实施以市场为导向的政策，私营部门扩大了生产，现在缅甸是第二大豆类出口国。除了私营部门从价值链后端买方端来支持农业价值链的融资外，还有通过企业社会责任计划任何以利润为导向的企业参与进来，如泰国东北部的蔬菜价值链，融资支持灌溉、种子供应、有机肥供应和农产品营销等各个环节。

金融机构根据小规模企业的不同需求，可以通过小额信贷和一系列全面的金融服务，包括培训和发展等，整合农业价值链中的小型企业。为农业价值链中的中小企业带来发展机会，促进农业价值链的形成和有效运作，提高农业价值链的融资效率，使农业价值链各环节融资主体与金融机构达到双赢的效果。

### （五）广泛使用通信技术，降低交易成本提高农业价值链的融资效率

建立农业价值链各环节的商业信息和通信技术的信息交流平台，以促进金融机构和价值链各环节之间的连接和信息共享，促进信息传递效率，降低交易成本，提高农业价值链融资的效率。金融机构通过农业价值链信息交流平台可以获得较为准确的信用记录，由此提供安全的结构性融资，并创造自筹资金信用保险，农户和价值链中的企业

组成团体共同承担担保信贷和信用保险的预付费，保证偿还金融机构的信贷。同时，信息交流平台的建立有利于农业价值链中知识和信息等价值链关键因素在价值链中的传递，改善小规模生产者和中小企业的生产状况，增强金融服务的可获得性。

### （六）确定农业价值链的方向和功能，增强价值链的协调性

一个具有特定用途的农业价值链，其协调性的好坏决定了这个农业价值链能否最大限度地发挥资金的使用效率，以提高生产率和收入。农业价值链融资的建立决不仅仅取决于物理联系，而是通过整合农业价值链中的各环节资源，沿着农业价值链确定的方向和功能，保证价值链运作的高度协调性，在金融机构的参与下，使农业价值链中各环节的资金需求方直接或间接地获得融资服务。金融机构要了解价值链和它们的运作领域，并专门针对这些价值链和价值链参与者的真实情况来开发金融产品。金融机构要考虑价值链中所有金融服务的外部提供者（银行等金融机构），针对目前金融实体或链条中的其他环节还不能完全满足对金融服务的正当需求提供金融服务，为提高和深化融资提供较大空间。当资金通过信贷等方式开始从价值链链条外部的金融机构流入链条内部时，农业价值链融资有利于整个链条的扩张和每个农民的生产活动及收入的增加，为价值链的参与者带来经济的增长和直接的利益，从而使农业价值链协调发展，并促进农业价值链融资的良性循环。

### （七）对金融机构资金供给的建议

金融中介在参与农业价值链融资中要做到以下几点：第一，金融机构要在风险管理上进行更多投资，其需要用更多的设施和工具来涉足农村地区并开展融资；第二，金融机构需要在更多结构贷款上进行投资，如对相关性较小或无相关性的农业价值链融资，这些结构贷款能体现所有不相关的利益，从而能在单个农业价值链外分散风险；第三，金融机构需要更多地考虑哪些可以在中长期的、可以提高利用国内存款能力的新型资金或信贷额度。

# 第七章

# 农业产业化经营中农业价值链融资的风险及其管理

农业价值链融资的风险是指在农业产业化经营过程中，从农业价值链的开端到末端的所有环节，由农业价值链内部和外部的不确定因素影响产生的，使农业价值链各融资主体受到损失或价值链的运行有所偏差而导致款项不能按时收回或无法收回的可能性。

## 一　农业价值链融资的风险与成因

农业价值链融资风险主要包括农业价值链不稳定风险、信用风险和内部运营风险。

### （一）价值链不稳定风险与成因

农业价值链的不稳定风险是指农业价值链在遭遇外部或内部风险要素一定程度的作用时，使价值链不能保持良性、有效的运转的风险。农业价值链的不稳定主要是由自然灾害风险、市场风险和技术风险等引起，农业价值链不稳定风险引起了农业价值链融资的风险。

1. 自然灾害风险

在农业价值链中，农产品生产作为价值链的基础，受自然环境的影响较大。因为自然灾害的发生不受人为意志左右，具有较大的不确定性，且具有波动幅度大，波及范围广，灾害难以控制等特点，自然灾害风险对农业价值链的稳定性具有较大影响。对融资机构而言，由于自然风险使农业生产受到巨大损失，使价值链上的融资主体对还款存在风险。

2. 技术风险

农业价值链的技术风险是指由于某些技术因素，如农业科学技术的进步、农业生产技术的改进、农产品品种的改良和农业科技成果的推广等，产生于科学技术的副作用或不适当性等因素而给农业价值链的有效运行带来各种损失的可能性。随着农业的科技进步，大量农业高新技术被采用和推广，农业价值链的技术风险在逐渐加大。近几年食品安全问题时有发生，导致农业价值链中的企业和消费者之间产生了很大的信任危机，最终将导致整个农业产业链的不稳定，整个价值链出现信用危机，影响其融资能力。

3. 市场风险

市场风险来源于农产品市场价格波动，生产经营者难以把握农产品的供应量，农产品供给的变动又反向地影响市场经济的波动，由此引致农业价值链各主体面对市场经济的变化面临不同的风险。在农业产业化经营的过程中，农产品的市场价格变动风险可能引起农产品滞销、信息不对称等问题。农产品和经过深加工的产品滞销使生产者和价值链的前端主体面临资金难以收回的风险，同时在滞销产品的长期储存过程中，滞销产品的损耗和贬值进一步加大了风险。在市场中的信息不对称主要表现在竞争的农业价值链之间的信息不对称，若得到的各种信息真伪难分或不完全，使价值链各环节主体的决策发生失误，将给整个农业价值链带来经济损失的风险。因此，由市场风险引起农业价值链各主体的经济损失会导致农业价值链的融资风险。

### （二）信用风险与成因

信用风险在农业价值链建立的初级阶段出现得较为频繁，是制约农业价值链发展及推广的主要阻碍，也是导致农业价值链融资风险的直接因素。信用风险主要表现在农户违约风险和核心企业道德风险。

1. 农户违约风险

目前，在我国最常见的农业价值链融资模式是基于订单农业的农业价值链融资模式。就基于订单农业的农业价值链融资模式而言，农户违约风险主要表现在：面对市场行情的变化，农户可能出现有选择性地出售农产品，弃合约于不顾擅自提高出售价格，甚至有些农户面对其他高价采购者转手将农产品卖给别人，使企业获得农产品的供应没有了保障，或不能保障获得质量保证的农产品供应，从而使企业的生产面临巨大风险，同时使价值链下游的其他环节的主体也面对不同程度的风险。

2. 核心企业道德风险

同样，农业价值链中的核心企业因为市场行情的变化而不遵循合约，自行降低收购价格或减少收购量等违约行为使力量薄弱的农户只能忍气吞声，毫无反抗之力①。核心企业的道德风险的存在使企业和农户对在价值链中的归属感都不强，难以建立较好的“信誉链”，从而使农业价值链丧失了其价值链融资信用保证的优势。

### （三）内部运营风险与成因

农业价值链内部运营风险指由于农业价值链中各环节相互衔接达不到预期效果，降低了农业价值链的整体运作效益和预期的收益。价值链各融资主体的利益损失影响其融资能力和还款能力。农业价值链内部运营风险的大小直接影响农业价值链融资风险的大小。农业价值链的内部运营风险主要表现在以下几种风险因素。

1. 农业价值链基础不牢风险

农业价值链基础的牢固性主要是由农民组织化程度的高低决定的。农民组织化程度低制约了农民从农业价值链中收益的获得②。农产品生产者在价值链中承担较大的成本，而分享的收益相对较少，农产品加工商和销售商相对于分享的收益而言却承担了较小的成本，农业价值链中利益分配不公平现象频频出现，由此导致农民进入农业价值链的积极性不高，从而难以建立一个完整稳定的农业价值链。

2. 龙头企业带动能力不强风险

我国现有的农业产业化龙头企业规模小，技术水平低，竞争力

---

① 朱旭东：《江苏现代农产品价值链发展初探》，《江苏农村经济》2009 年第 8 期。

② 王春娅：《我国农产品价值链风险管理浅析》，《物流科技》2010 年第 9 期。

弱，市场占有率低，农业产业化经营的企业进入门槛较低，从而导致企业的过度进入，竞争加剧，农产品质量不稳定，市场混乱；另外，农户进入和退出价值链的壁垒很低，有些甚至来回于不同的价值链，使农产品的生产和供应不稳定，这些因素不但增加了农业价值链的不稳定因素，还使整个农业价值链的信用程度降低，给价值链带来损失，这种损失从价值链末端不同程度地传递到价值链的各个环节。

3. 农业价值链融资链条不顺畅风险

农业价值链链条不畅主要表现在价值链中流通环节较多。农业价值链中流通环节的增加并不意味着价值链的延长，价值增值环节的增加，反而容易出现信息在价值链传递中失真、资源浪费，使整个农业价值链的运作效率下降。我国农产品及其深加工产品的流通市场主要以产品批发市场占主体地位，超市或最终零售商仅仅是一个销售平台，对其本应在农业价值链中发挥的驱动、控制和整合的作用还没有发挥出来，影响价值链各环节的收益。

## 二　农业价值链融资的风险管理

对农业价值链融资风险进行控制和管理，是保证农业价值链稳定高效运行的基础，保证各环节融资主体的利益获得，可以有效防控农业价值链的融资风险①。

### （一）建立和完善应对自然灾害风险的保险制度和风险补偿机制

针对自然风险，可以借鉴国际先进做法建立和完善农业保险制度和风险补偿机制。通过建立和完善农业保险制度，降低农业价值链融资主体损失；同时，金融机构还要针对易发生自然灾害的地区，通过科学的风险分析和测量，提取一定的准备金，建立对自然灾害的风险

① 姚淑芬：《农业产业化龙头企业的价值链融资探讨——以温氏集团为例》，《重庆科技学院学报：社会科学版》2011 年第 4 期。

补偿机制和巨灾风险补偿基金①，从而降低农业价值链遭受自然灾害风险的损失。2007 年，财政部印发《中央财政农业保险保费补贴试点管理办法》，启动农业保险保费补贴试点工作，对 6 省的 5 种农作物给予保费补贴。在试点启动的随后几年，中央财政将补贴区域从试点地区不断扩大，提高农业保险的补贴比例②③，增加补贴品种，自启动农业保险试点以来，补贴资金投入不断加大。我国农业保险补贴相对于自然灾害造成的巨大损失来说依然是杯水车薪。

### （二）加强农业价值链融资参与主体合作

把大型企业与农村中小龙头企业的信用进行捆绑，使大型企业承担中小企业贷款的连带责任，从而促使大型企业更加关注农村中小龙头企业的经营状况并愿意为其提供规范化管理，改善中小企业的经营管理能力，避免出现经营风险，也使农业价值链融资各环节更加紧密。

银行之间建立长期合作关系，通过建立信息共享机制，共同分享价值链上下游企业的生产经营、财务状况、支付能力等信息，这将帮助银行了解农业价值链融资的波动，从而保证农业价值链融资的稳定高效运转，并降低银行的信用风险和道德风险，确保金融系统的稳定运行，保证了农业价值链融资中充足的资金支持，防止资金链的断裂。

### （三）识别农业价值链融资风险，创新融资技术

在农业价值链融资过程中，农村金融机构会通过调查和利用农业价值链前后环节中相对充分的信息来进行识别和防范风险。例如，金融机构在做出贷款的决策时，该环节的自身风险和其相邻环节的风险

---

① 中国农业银行武汉培训学院课题组：《农业产业链风险管理研究》，《中国农业银行武汉培训学院学报》2011 年第 11 期。

② 白继山：《农村金融市场竞争及风险控制研究》，西南大学，2011。

③ 任常青：《价值链融资及其对农村信用社扩展金融服务的启示》，《中国农村信用合作》2009 第 7 期。

都需要考虑在内。这是因为各个环节之间是紧密联系的，任何一个环节的风险都会受到相关联环节的影响；在对农户提供直接贷款的时候，需要充分利用农业价值链中不同参与主体的信息，从农产品收购者或加工者手中得到农户的信息，帮助金融机构正确识别客户，同时也为金融机构发放的贷款提供监督或担保的作用。在技术创新上，利用农业价值链各环节之间的联系，设计出担保贷款模式，比如，联保贷款就是利用农业价值链各环节之间的联系，价值链相邻主体之间互相担保，以获得信贷资金。这需要金融机构加强与中介机构的合作（如担保公司和金融租赁公司等）来防范农业价值链融资链条不顺畅风险。

# 第八章

# 我国推进农业产业化经营的融资路径选择

## 一　创建适应农业价值链融资的环境

### （一）创造有利于农业价值链融资的政策环境

农业产业化金融支持不足造成了农产品价值链的水平较低。有针对性的金融扶持方法，才能使资金配置效率得到提高，才能化解资金流问题，才能不断完善发展和延长农产品价值链。

一是制定有利于农业价值链融资的扶持政策，推动农业产业化的发展。现阶段，应从政策上进一步明确不同层次的金融机构，比如，政策性金融机构、民营性金融机构、合作性金融机构和商业性金融机构等在农业价值链融资中的基本原则、政策导向、重点目标、功能定位、责任范围及信贷流向等，保证农业价值链融资的实效性、稳定性和可操作性，使河北省各个金融机构在农业价值链融资中发挥支农的整体合力。

二是完善农业价值链融资的信用环境。由于当前信用环境的不完善，河北省的农户对农业订单的违约率较高，阻碍了订单农业发展，限制了金融机构对农业价值链不同主体的信贷支持。因此，要实现农业价值链融资的健康发展必须解决违约率较高的问题。加强对信用建设和信用生态系统的建立，来制约农业价值链融资中违约双方行为，通过加大对违约方的惩罚力度来减少订单的违约率和提高订单双方的信用度，保证农业价值链融资的稳定性①。

三是建立农业价值链融资的风险补偿机制。为了弥补因自然或意外灾害等不可抗拒原因造成的损失，政府积极响应并带头建立风险补偿基金，探索建立农业价值链融资的风险补偿机制；鼓励农业保险机构逐步参与到农业价值链融资中，丰富并规范农业保险体系，扩大涉农保险的覆盖范围，解决农户和龙头企业投保无门的问题，缓解银行收回贷款的压力。

四是完善农业价值链融资的法律环境。健全的法律法规才能保障农业价值链融资的健康发展。在推动农业价值链融资的发展中，需要制定相应的法律法规来规范农业价值链条中的市场与企业、各企业与农户之间相互关系、各自的权利与义务，保障农户参与到农业价值链中，同时制定和执行相关政策来支持各经济主体进入农业价值链融资体系中。

五是增加农业价值链融资的基础设施投入。增加对农产品交易基础设施的投入，为农业价值链融资构造良好的市场环境。良好的市场环境是价值链融资的保障，政府应加大对建设基本交易基础设施、建立农产品交易市场和构建相关的交易信息系统等的投入，通过资金配置来引导农产品价值链中龙头企业的发展方向和资金的投向。

### （二）扩大农业价值链融资的覆盖范围

在参与价值链融资过程中，金融机构不是只在价值链的某一环节上进行投资，而是需要了解价值链和它们的运作领域，并且专门针对这些价值链和价值链参与者的真实情况来设计更适宜的农业价值链融资工具，加强技术培训和能力建设，扩大了农业价值链融资的覆盖范围。

尽管农业价值链的成功运转离不开融资，但是仅靠融资是不够的。价值链参与者之间的交易要考虑市场需求，以及价值链输出的产品如何配置才能满足市场需求，充分理解市场需求是价值链融资参与

---

① 罗元辉：《供应链金融与农业产业链融资创新》，《中国农村金融》2011 年第 9 期。

者着重考虑的问题，价值链相关服务的市场挖掘比单一的融资更重要，融资需求只是商业交易众多需求之一。因此，金融机构还可以和其他机构合作，机构本身能够得到发展，还可以把服务范围扩展到农业价值链中的相关部门，把市场需求信息传达给价值链中的其他人，确保产品符合市场需求，保证价值链内的商业活动都能产生相当的附加值。这样，不仅客户能够获得利益，而且还扩大了自己的信贷机会，减小了信贷风险。

创造一个健康的农业价值链融资系统，需要充分了解农业的金融需求特点和农业价值链的特点。农业的区域性非常明显，农业价值链会因地区差异而表现出很强的地方特色①。金融机构想要了解农业价值链各环节参与主体的金融需求和特点，就需要对当地特色农业价值链的特点进行充分的调查和分析，比如，在农业价值链中，农业生产、生产资料供应等季节性较明显，而农产品加工、储运、销售等价值活动则不具有季节性。因此，县域金融机构在农业价值链融资中应考虑到不同价值活动的季节性特点，针对农业价值链融资的风险、特点和产品需求为农业价值链中资金需求主体提供有针对性的融资服务和融资产品。

### （三）壮大农民合作组织

农业合作组织是我国新型农业经营主体，是农业集约化经营和农业价值链融资中生产环节的实施载体。农业合作组织联系农户进行统一采购，提供科技服务，培育种养大户，让其带动协调区域性龙头企业形成企业主导型的经营性合作组织，重点发展订单农业和基地建设，让龙头企业在农业价值链融资中充分发挥核心作用。在经营规模达到一定程度时发展成为以利益为纽带的股份合作农民专业合作组织，实行产前统一组织、产中统一服务和产后统一销售的经营方式，提高组织化、规范化和资源配置的效率。

---

① 任常青：《价值链融资及其对农村信用社扩展金融服务的启示》，《中国农村信用合作》2009年第7期。

随着农民组织化程度的提高和农业专业化的发展，应该构建层级制的农民合作组织。一是基于县域的优势产业、主导产业，由政府牵头，农民自发组织建立农民合作经济基层组织，以自愿加入的原则将从事相关生产的农户联合起来并吸纳到农民合作经济组织中来，指导或代理农户的产前、产中、产后的各个环节的生产、经营、服务等一系列活动。二是组建乡村农民合作经济组织，高于基层农民合作组织并对基层农民合作经济组织进行指导、管理和协调。每个乡村农民合作经济组织负责分管几个不同的基层农业合作经济组织。三是依次建立县级农民合作经济组织、地市级农民合作经济组织、省级农民合作经济组织等。上级合作组织进行出面协调下级组织遇到的侵害或者难以解决的矛盾。各组织直接的联合提高了银行贷款的议价能力，上级组织可对下级组织的金融机构的贷款提供担保，为下级组织提供优质的龙头企业，提供农产品的销售渠道和较畅通的信息渠道，不但解决了下级组织的资金问题也有效地避免和降低了风险。农业合作组织把农业价值链融资中的生产主体从单一分散的农户逐步扩展到一个统一的组织，不仅增强了农业规模化经营的能力，连接了农户和龙头企业，提高了交易效率，降低了交易成本，还使分散的小农户进入到农业价值链融资中。

## 二　加强农业产业化经营中农业价值链融资的支持力度

在推动农业产业化经营发展的过程中，我国对农业价值链融资的扶持力度与农业发达国家比较相差甚远。从农业价值链融资的角度来看，农业价值链融资是农业产业化经营的主要融资方式，因此，要把握农业价值链融资在农业产业化经营中的基础地位，加强支持力度，充分发挥各类金融机构的农业价值链融资在农业产业化经营发展中的基础作用。

### （一）商业银行拓展农业价值链融资

商业银行应扩大对农村地区的融资，担负起对农业资金支持的责任，充分利用在县域的资金、网络和专业优势，更好地为农业产业化经营服务；商业银行应不仅仅只对农业价值链中的龙头企业融资，还应向价值链的下游移动，扩大对农户的生产、农业基础设施投资的融资和农业科学技术研究融资，在对农业价值链做深入调查的基础上进行融资。同时，中国人民银行也应给予商业银行更多的农业优惠再贷款，以解决支农资金的不足，扩大支持农业现代化建设的范围，提高支农信贷比例，保障对农业产业化经营的金融支持。银行等金融机构要在农业贷款的每一步进行风险管理：（1）保证农产品的市场需求。发放贷款时一定要保证农产品有可靠的买主，并且要根据当地的条件、农民的科技水平及操作者的能力来选择融资的农作物价值链。（2）评估实际的融资需求。贷款人要进行贷前调查来估计进行生产的所需成本、预计的产出投入品及劳动力的价格等，贷款人根据这些估计来制定贷款的数量。（3）对个人贷款建立合适的担保机制。银行等金融机构可以不要求以传统的抵押品向小农户进行贷款。例如，在秘鲁，可以将价值链上的购买合同作为担保。（4）根据农产品的季节性来制定贷款期限。贷款期限根据不同的农作物的生产周期来制定，贷款的偿还通常是在农产品收获之后，购买合同履行时发生。（5）监督农作物生产的运行。农业贷款机构及其他科技服务提供者在农作物生产的季节要经常对农户进行走访，进行科技指导和生产监督。（6）通过银行等金融机构进行货款支付。购买人要通过银行等金融机构将货款支付给农户，银行扣除贷款本金及利息后，将剩余的货款存入到农户的储蓄账户中，这样既有助于贷款的回收又提高了储蓄率。

### （二）农村合作金融机构对农业价值链不同融资主体提供差别服务

农村合作金融机构作为农村金融的主力军，以农村信用合作社为代表，要加快农信社的合作制改革。农信社在对农业价值链各融资主体融资的过程中，要首先从第一还款能力来把握信贷融资风险，其次从价值链的稳定性和联动性上把握信贷风险，改变传统的农业信贷信用评级方法。农信社在业务处理方式上要针对不同的农业价值链适当地简化贷款手续，从稳定性和收益性不同的价值链的不同融资主体进行分级管理，提供差别服务，使贷款方式和信贷支持方式灵活化，优化贷款结构，提高贷款质量，从而推动农业产业化经营的发展。

## 三　搭建招商平台，引导社会资本进入农业价值链

鉴于农业产业化经营发展对资金的需求，我国要注重引导社会各类资本向农业产业化方向流动。无论是城市工商资本还是大量的民间借贷资金都必须按照市场机制，由政府搭建招商平台，采取宏观调控等手段来引导社会资本的合理流动和配置，使更多的资金流向农业，支持农业产业化经营的发展。大资本进入农业领域带来的好处：第一，大资本带来了现代生产要素。从传统农业向现代农业迈进，现代农业最突出的特点就是“资本农业”，现代农业的发展需要以强大的资本投入做保障，以完善的生产条件、基础设施和现代化的物资装备为基础，集约化、高效率地使用各种现代化生产投入要素。资本像一个纽带，聚集着人才、管理、技术、资金，大量现代生产要素带给传统农业效率更高的生产模式，促进了传统农业的改造和现代农业的发展，加快了农业从供给管理到需求管理的转变，解决了小农户有效供给与大市场有效需求的对接问题。第二，大资本对现代农业的投资，不仅可以实现资本的逐利目的，还可实现对农业的有效投入，有利于带动科技兴农、调整农业产业结构、提高农业产业化水平和繁荣农村经济。第三，大资本的进入加快了农业科技及先进生产力的投入和转化，加强了农产品质量和品牌意识，提高了农民生产的组织化程度。由此可见，大资本对现代农业的投资在为投资商带来利润的同时，也优化了农业产业化结构，带动农民增收致富，繁荣农村经济，为解决“三农”问题开辟了新途径。

### （一）引导工商资本流入农业价值链

解决农业产业化经营资金来源的问题，除了加快农业价值链自身的发展，增加价值链各环节主体的自身资金积累外，最有效的途径就是加大对农业的招商引资，充分挖掘工商资本的潜力，加快我国农业价值链的发展。其措施有：

（1）鼓励农村建立和发展稳定的农业价值链。在农民自愿的前提下，允许土地承包经营权转让、出租、入股和抵押等，鼓励承包土地在农户之间的转包和集中，建立和发展一批股份制企业，加快发展龙头企业，发挥龙头企业的带头作用，建立稳定的农业价值链，由此以农业价值链为基础，开发农业价值链的招商项目，进行引资，推进我国农业科技的研发和应用，推动农业价值链基础设施的建设，提高我国农业生产经营的组织化程度，使工商企业与农民结成广大利益共同体，实现土地规模化经营。

（2）推进农业价值链中后端企业发展农产品加工业。处于农业价值链中后端的农产品加工企业的发展在一定程度上决定着价值链的稳定性和营利性。结合农产品加工业的工业与农业结合的特点，也是使商业资本进入农业的一个路径选择。工商资本进入农产品加工业，能够解决农产品加工企业的资金短缺，使其能够在研发和加工技术发展中获得更多的发展，使我国农产品及其附属产品获得更大的市场，努力开发农产品的国际市场，扩大农产品的销售渠道。

### （二）引导民间资本流入农业价值链

从当前我国农村的实际状况看，非正规金融的存在具有相当程度的有效性和合理性。通过对农村的非正规金融加强引导、加强监管，给予其适当的发展空间，引导更多的民间资本流向现代化农业。金融管理当局对非正规金融的监管应更多关注其风险的降低。非正规金融在农业价值链发展中存在利弊，许多国家实施了非正规金融的阳光工程，通过建立委托—代理机制，正规金融机构与非正规金融机构合作，把正规金融经营的部分农村金融业务委托给民间非正规金融来进行，这一做法强化了对其贷款的风险管理，也起到了对非正规金融的监管作用。

引进大资本进入农业领域需要多方努力、通力合作，不是一方机构或组织的个体力量可以实现的。因此，按照农业产业化总体思路，引进大资本应该“以龙头企业为主体，以项目建设为支撑，以科技创新为动力”，在此基础上既要积极培育领军企业，还要加快示范园区的建设，创建河北省的农产品知名品牌，完善利益联结机制。因此对引进大资本要从以下几个方面考虑：

一是壮大龙头企业，培育领军企业。龙头企业是加快农业产业化发展的重中之重，做大做强龙头企业为引进大资本提供了良好的投资环境和经济基础。龙头企业的壮大需要从以下几个方面进行：第一，大力开展招商引资，推进战略合作。在目前国内外大企业竞相扩张和产业转移的机遇下，要主动寻找合作伙伴，搜集世界500强、“央字号”、国家级龙头企业的投资动向，跟踪了解其合作意愿和条件，了解其潜在的合作需求。第二，加大龙头企业的科研投入，建立农业企业研发中心。龙头企业的发展离不开科学技术的创新和进步，因此龙头企业的发展要促进产学研的结合，在粮食、畜产品、蔬菜、果品等加工领域创建一批技术创新联盟。第三，化解企业融资难问题，为龙头企业创造良好的发展环境。龙头企业的发展需要上项目、扩大生产规模，而生产规模的扩大需要大量的资金作为支持，因此应为龙头企业发展提供必要的金融服务，金融部门、担保公司要联合起来，努力解决龙头企业项目建设中的资金瓶颈问题。在县区成立农业政策性担保中心，发挥农业政策性贷款担保机构的作用，为龙头企业提供更多的贷款支持。对于发展前景比较好、符合上市条件的龙头企业，要积极鼓励其发行债券等融资产品，为企业融资拓宽渠道。

二是加强项目建设，构筑引进农业资本的支撑力量。项目建设是各种生产要素实现聚集的载体，也是生产要素转化为生产力的重要途径，因此引进大资本进入农业，必须要加强项目建设，重点从以下几个方面进行：第一，项目建设要根据项目类型有区别地逐步推行。项目建设要遵守“谋划一批、储备一批、开工一批、投产一批”的总体要求。对于技术更新改造项目，要制定技改路线，谋划实施重点项目，将符合条件的项目列入国家和省重点技改专项；要积极延伸产业链条项目，增大农产品加工的增值潜力，谋划建设一批精深加工项目；抢占市场份额项目，要根据居民的消费结构升级趋势和潜在的市场空间，新上一批大项目、好项目，抢占市场先机。第二，项目建设要由各级政府分级指导。根据项目规模大小由政府分级指导，可以集中政府力量，加大对大项目和好项目的投入，优化资源配置，实现项目分级管理。第三，完善项目建设管理办法。省产业化办公室要参照省重点项目管理办法，建立产业化项目库，按照项目的规模和类型进行详细划分，并由各级政府分别负责，对项目的开展、建设和完成情况进行有效的记录和追踪，实现项目建设的科学管理。

三是创新工作机制，提高工作水平。第一，积极创新管理模式，创新工作做法和管理机制。农业产业化系统要积极转变工作作风，重视调查研究，不仅要及时掌握农业发展过程中的新情况和新问题，还要努力协调和解决阻碍发展的关键问题。第二，加强农业产业化工作体系建设。发挥各级农业产业化领导小组的作用，对各成员单位要统筹协调，既要明确各个单位的职责，还要搭建统一合作的平台，为政府决策和龙头企业发展提出优质高效的服务。第三，健全农业产业化经营信息体系。农业产业化经营要建立有效的监测体系和追踪体系，对龙头企业加强动态管理，及时做好统计分析工作，能够准确地掌握和了解龙头企业的有关信息和发展动态，从而进一步为龙头企业的发展提供有力的政策支持。

四是促进集聚发展，建设示范园区。市场竞争的形态已经不再是过去单个企业的“单打独斗”，而是多个企业联合的“通力合作”，因此企业的集聚发展有利于节约集约资源、降低生产成本、形成规模效应。第一，坚持规划执行。农业示范园区的建设要按照较高的标准制定规划蓝图，园区内要建设一个高标准、有特色的农产品的加工园区，一些有条件的县（市）还要依托龙头企业或工业聚集区规划建设食品加工园。第二，体现差别政策。引导和推进新上产业化项目入园进区，对不在加工园区建设的项目，原则上不予审批、核准和备案，不安排用地指标，不提供水、电等生产要素。第三，创造良好的条件。省市产业化专项资金要拿出一部分支持园区建设，加工园区土地出让收入的市、县分成部分，除了足额支付征地和拆迁补偿费之外，要优先用于园区内的基础设施建设。

## 四　运用资本市场，筹集农业产业化经营所需的资金

近几年，一些农业企业通过资本市场直接融资的成功实践，如新疆库尔勒香梨股份有限公司、四川禾嘉股份有限公司等使我们认识到加大对资本市场的支持力度的必要性，资本市场在广泛筹集资金支持农业产业化经营发展上将会给予极大的促进作用。

### （一）充分利用资本市场培育和扶持农业价值链中的龙头企业

一是通过股票市场筹资、融资、再融资，可以使经营良好、亟须扩张而资金不足的农业企业筹集到资金。二是通过农业龙头企业的上市，促使农业企业改变传统老旧的经营模式，实施规范化、效率化、产业化经营，使其达到现代化企业制度的要求，提高农产品及其附属品的市场占有率。三是通过资本市场的调节，促进农业企业不断培育优质资产，改良弱质资产，进而实现农业产业结构的优化配置，通过兼并、收购、重组等资本市场手段，走集团化、规模化道路，在全国范围内培育扶持一批影响大、实力强、辐射面宽的农业龙头企业，由农业龙头企业以农业价值链为依托促进农业现代化的发展，使农户获利。

### （二）建立农村产权交易市场，提高农业价值链中的资源配置效率

随着股份制的发展及现代企业制度的建立和完善，农村资产实现量化，产权得以明晰，产权转让活动将会日益频繁，需要有规范化的产权交易市场作为中介。建立农村产权交易市场，推进农村资产资本化，从而促进农村资本市场的发展，增加了农业产业化经营发展过程

中的融资渠道。

### （三）实施“回引工程”，吸纳务工收入进入农业价值链

目前，我国农村地区农户外出打工人员不断增加，农村社会闲散资金逐年增加，投资潜力很大。因此，要采取各种切实可行的措施，大力实施“回引工程”，以优惠的政策、优美的环境，千方百计把有资本、懂技术、善经营的外出能人引回家乡，与当地农民一道，投资农业企业，建设一批农产品商品基地，新办一些农业服务企业和各类市场，努力实现民间资金向民间资本的转变，解决发展资金紧缺的矛盾。

### （四）支持私募股权基金进入农业价值链

近年来，私募股权基金在我国中小企业的发展中起到了重要的作用，其不仅在中小企业融资方面给予了较大支持，还在企业的发展和企业的管理方面获得了较为专业的指导。我国应积极推进和支持私募股权基金进入农业企业，带动我国中小农业企业的发展，使我国农业中小企业在获得资金的同时获得更大的发展，在市场中具有更强的竞争力，发挥其在农业价值链中的作用。

## 五 建立健全农业价值链融资的保障机制

在农业产业化经营的发展中，随时都可能遭遇各种风险，且这些风险难以预测和控制，损失较大。为确保农业价值链获得金融支持的可持续性，针对我国农村保险发展不足，甚至在有些地方处于空白的状况，需大力发展农业保险，构建农业保险体系。政府应尽快推进农业保险条例的出台，加快建立符合我国农业发展的农业保险保障机制和发展模式，积极推动农业保险的专业化发展，并针对不同地区和农业价值链的特点开展各种不同的、具有特色化的农业保险业务。在推进农业价值链融资保障机制的建立过程中，要突出重点地建立多元化的农业保险保障体系和政策性的农业再保险市场体系，政府应鼓励和

引导商业性保险公司为农业保险提供再保险的支持。除此之外，建立巨灾风险基金，按比例对重大自然灾害造成的大额赔付进行补偿，形成农业生产的巨灾风险转移。健全的农业保险制度可以保证在推进农业产业化经营过程中农业价值链获得有效、连续的金融支持。

为方便农业企业的融资，建立健全农业价值链融资的信用担保体系是需要采取的必不可少的措施。在农业价值链中，担保覆盖了农产品的种植、收购、加工、深加工、销售等整个产业链，担保在产业上游支持种植与积极收购，保护农户利益；中游匹配加工设备购置和厂房建设资金，扩大农产品的需求量；下游引导企业拓展销售渠道，支持县域外建立营销点，扩大下游农产品的需求量等，因此，需要充分发挥担保在农业价值链融资中的作用。农业价值链融资的信用担保体系，以农业价值链中具有关联关系的各环节融资主体的互助性担保为基础，建立健全担保机构和再担保机构。担保机构与再担保机构为农业价值链中的龙头企业、农业中小加工企业甚至农户提供担保和再担保业务。担保机构和再担保机构要积极配合人民银行、财政部门对农业价值链中的担保企业进行监管。对风险较大的企业，担保机构与再担保机构按约定风险承担比例进行强制再担保。建立健全农业价值链信用担保体系，可以促进农业企业在产业化经营中获得金融支持的有效性。

# 参考文献

[1] Klose S. L., Outlaw J. L., *Financial and Risk Management Assistance: Decision Support for Agriculture*, Journal of Agricultural and Applied Economics, 2005, 37 (2), pp. 415 - 423.

[2] Miller, C. and Jones L., *Agricultural Value Chain Finance: Tools and Lessons*, The Food and Agriculture Organization of the United Nations and Practical Action Publishing, 2010.

[3] Quirós, Rodolfo, *Agricultural Value Chain Finance*, FAO and Academia de Centroamérica, 2011.

[4] Rodolfo Quirós, *Agricultural Value Chain Finance*, San José, C. R: Academia de Centroamérica; FAO; RUTA; Serfirural, 2007.

[5] Roman Kosodiy, Anna Bondarenko, *Value Chain Approach to Rural Finance*, Poster Paper presented at IAMO Forum, 2008.

[6] KIT, IIRR, *Value Chain Finance: Beyond Microfinance tor Rural Entrepreneurs*, Royal Tropical Institute, Amsterdam; and International Institute of Rural Reconstruction, Nairobi, 2010.

[7] Jeremy Coon, Anita Campion, Mark Wenner, *Financing Agriculture Value Chains in Central America*, Inter-American Development Bank, 2010.

[8] Tushar Pandey, Nagahari Krishna, Venetia Vickers, Antonio Menezes, and M. Raghavendra, *Innovative Payment Solutions in Agricultural Value Chainas a Means for Greater Financial Inclusion*, Agricultural Economics Research Review Vol. 23 (Conference Number), 2010, pp. 527 - 534.

[9] 黄薇、于明霞：《农业产业化金融支持弱化成因分析》，《长春金融高等专科学校学报》2007 年第 2 期。

[10] 唐邦勤：《我国农业产业化金融支持的研究进展及趋势》，《生产力研究》2009 年第 9 期。

[11] 罗富民、朱建军：《农业产业化发展的金融支持研究 理论阐释与个案分析》，《农业经济》2007 年第 2 期。

[12] 徐冯璐：《农业产业化与金融支持相关度的定量分析》，《湖南农业大学学报》（社会科学版）2007 年第 8 期。

[13] 赵绪福、王雅鹏：《农业产业链、产业化、产业体系的区别与联系》，《农村经济》2004 年第 6 期。

[14] 龙祖坤：《土家族地区农业产业链拓展方略》，《中国集体经济》2008 年第 18 期。

[15] 王凯、韩纪琴：《中国农业产业链管理的理论与实践研究》，南京农业大学，2002。

[16] 王川：《促进订单农业发展的金融创新》，《世界农业》2007 年第 10 期。

[17] 吕栋：《大金融视角下订单农业的融资模式设计》，《金融与经济》2014 年第 6 期。

[18] 马九杰、温铁军：《订单农业与价值链金融：贸易和信贷互联的交易制度及其影响》，中国农业出版社 2013 年版。

[19] 何广文：《国外农业价值链及其融资模式的启示》，《农村金融研究》2014 年第 5 期。

[20] 靳淑平、王济民：《马里等发展中国家的农业价值链融资问题》，《世界农业》2014 年第 12 期。

[21] 马九杰等：《基于订单农业发展的农业价值链金融创新策略与案例分析》，《农村金融研究》2011 年第 7 期。

[22] 张永升、杨伟坤、马九杰、朱乾宇：《基于合作社的农业价值链融资研究——以重庆市北碚区金刀峡农业合作社为例》，《世界农业》2011 年第 10 期。

[23] 姚淑芬：《农业产业化龙头企业的价值链融资探讨》，《重

庆科技学院学报》2011 年第 4 期。

［24］刘西川、程恩江：《农业产业链融资：案例考察与博弈分析》，《金融发展评论》2012 年第 13 期。

［25］贺群等：《供应链内部融资与农户信贷可获性实证分析——基于江苏省阜宁县调查数据》，《农业技术经济》2013 年第 10 期。

［26］周雨淑：《农业价值链内部融资对解决农户贷款问题的优势——基于交易成本视角》，《绍兴文理学院学报》2014 年第 6 期。

［27］张庆亮：《农业价值链融资：解决小微农业企业融资难的有效途径——从交易成本的视角》，《云南社会科学》2014 年第 5 期。

［28］任一萍：《农业产业化龙头企业绩效评价研究》，硕士学位论文，河北大学，2006。

［29］艾伯特·赫希曼：《经济发展战略》，经济科学出版社 1991 年版。

［30］迈克尔·波特：《竞争优势》，中国财政经济出版社 1998 年版。

［31］黄卫红：《“共生型”农产品价值链构建与农业产业化经营的内在关系研究——广东燕塘乳业有限公司经营模式探讨》，《农村经济》2007 年第 12 期。

［32］傅国华：《运转农产品产业链提高农业系统效益》，《中国农垦经济》1996 年第 11 期。

［33］李杰义：《农业产业链视角下的区域农业发展研究》，同济大学，2008。

［34］潘纬：《订单农业贷款运作模式及其功能拓展研究——以安徽省霍邱柳编订单农业贷款为案例》，《金融纵横》2013 年第 8 期。

［35］J. D. 冯匹斯克等编著：《发展中经济的农村金融》，中国金融出版社 1990 年版。

［36］顾芳睿、丁振阔：《农村金融理论演化研究》，《芜湖职业技术学院学报》2013 年第 1 期。

［37］曹协和：《农村金融理论发展主要阶段评述》，《南方金融》

2008 年第 12 期。

[38] 温伟胜编著：《WTO 与农村金融改革》，中山大学出版社 2003 年版。

[39] 周晓强：《以供应链金融助推农业产业化发展》，《中国金融》2012 年第 15 期。

[40] 吕忠伟：《我国金融支持农业产业化发展的历史经验与启示》，《调研世界》2014 年第 6 期。

[41] 朱厚任：《我国农业上市公司财务报表分析——以益生股份为例》，《理论建设》2014 年第 2 期。

[42] 王迅：《现代农业转型发展中的金融支持》，《中国金融》2012 年第 17 期。

[43] 宋雅楠等：《农业产业链成长与供应链金融服务创新：机理和案例》，《农村金融研究》2012 年第 3 期。

[44] 冯涛：《构建新型农村金融服务体系的国际借鉴与策略选择》，《全国商情：经济理论研究》2010 年第 9 期。

[45] 董文璞：《农业产业化中的资金供需矛盾》，《河南农业》2009 年第 1 期。

[46] 何卢杨：《农业产业化金融支持对策研究》，《工业技术经济》2008 年第 9 期。

[47] 扬大蓉：《浙江省农业产业化融资实证分析及对策建议》，《改革与战略》2012 年第 1 期。

[48] 郭新明：《金融需要大力支持农业科技创新和现代农业发展》，《西部金融》2012 年第 1 期。

[49] 陈萍：《自然灾害频发下新型农业保险体系构建的研究》，《湖南农业科学》2012 年第 6 期。

[50] 河北省金融学会课题组：《河北省扶贫贷款模式运行情况调查与思考——基于河北省巨鹿、赞皇、易县模式的比较分析》，《河北金融》2011 年第 15 期。

[51] 王小波：《多原因致枣农增产不增收》，《燕赵都市报》2011 年 9 月 29 日。

[52] 马九杰、张永升、佘春来：《基于订单农业发展的农业价值链金融创新策略与案例分析》，《农村金融研究》2011年第7期。

[53] 雷贵优：《农民专业合作社发展及金融支持研究——以三明市为例》，《金融经济》2011年第2期。

[54] 陈建中、唐弘毅：《“农业订单链式贷款”多方共赢》，《农民日报》2010年8月28日。

[55] 靳宝玺：《多举措支持农民专业合作社发展》，《黑龙江日报》2012年9月10日。

[56] 李建英：《特色农业产业化及其金融支持研究》，《经济与管理》2012年第3期。

[57] 李建英：《新型农业经营主体金融支持调查分析》，《河北金融》2014年第4期。

[58] 韩俊：《建立普惠型的农村金融体系》，《中国科技投资》2010年第3期。

[59] 甘筱青：《生猪供应链模式的系统动力学仿真及对策分析》，《系统科学学报》2012年第3期。

[60] 肖小虹：《农业产业链利益机制研究》，《贵州社会科学》2010年第8期。

[61] 吴东立：《制度变迁下我国农业风险管理体系重构：一个框架性设计》，《农业经济》2008年第3期。

[62] 袁立璜：《基于订单农业下的贸易信贷融资机制研究综述》，《世界农业》2010年第6期。

[63] 任常青：《价值链融资及其对农村信用社扩展金融服务的启示》，《中国农村信用合作》2009年第7期。

[64] 王清川：《我国农业融资困境和体制创新策略》，《农业经济》2012年第6期。

[65] 李彩霞、李艳萍：《设施农业融资困境：经济学视角的理论反思》，《中国农业会计》2011年第6期。

[66] 郭志艳、李国芹、孙建春：《河北省农业保险发展中存在的问题》，《现代营销》（学苑版）2011年第5期。

［67］崔春晓、邹松岐、张志新：《我国农业产业链组织研究综述》，《世界农业》2013 年第 1 期。

［68］马永青：《河北省农业龙头企业技术创新扩散的研究》，《安徽农业科学》2008 年第 7 期。

［69］王志军：《河北省贯彻实施〈农产品质量安全法〉和〈食品安全法〉的实践与探索》，《农业质量标准》2009 年第 6 期。

［70］世界银行：《2008 年全球经济展望》，中国财政经济出版社 2008 年版。

［71］张永升：《基于合作社的农业价值链融资研究——以重庆市北碚区金刀峡农业合作社为例》，《世界农业》2011 年第 10 期。

［72］张贵益：《创建"公司 + 果品运销大户"支农模式实现集约化、组织化金融产业有效对接——农行陕西省咸阳分行创新"三农"金融服务的启示》，《中国农业银行武汉培训学院学报》2013 年第 5 期。

［73］袁立璜、纪梦晨等：《基于订单农业下的贸易信贷融资机制研究综述》，《世界农业》2010 年第 6 期。

［74］魏玲丽：《基于价值链的农业产业化龙头企业竞争力培育战略》，《农村经济》2011 年第 2 期。

［75］农发行总行奶业信贷研究课题组：《从荷兰奶业和荷兰合作银行的经验看农发行奶业信贷的发展》，《调查研究》2013 年第 10 期。

［76］郭静利：《农业产业链稳定机制研究》，. 中国农业出版社 2011 年版。

［77］宋雅楠：《农业价值链融资特征及国外经验启示》，《中国物价》2012 年第 11 期。

［78］黑龙江银监局：《供应链金融契合农业集约化经营的实践与启示——基于黑龙江省肇东市五里明镇的个案研判》，《中国农村金融》2011 年第 4 期。

［79］董黎明：《农业产业化供应链金融支持模式研究——赤峰案例》，《华北金融》2014 年第 2 期。

[80] 冯静生：《供应链金融：优势、风险及建议》，《湖北农村金融研究》2009 年第 11 期。

[81] 朱旭东：《江苏现代农产品价值链发展初探》，《江苏农村经济》2009 年第 8 期。

[82] 王春娅：《我国农产品价值链风险管理浅析》，《物流科技》2010 年第 9 期。

[83] 中国农业银行武汉培训学院课题组：《农业产业链风险管理研究》，《中国农业银行武汉培训学院学报》2011 年第 11 期。

[84] 白继山：《农村金融市场竞争及风险控制研究》，西南大学，2011 年。

[85] 罗元辉：《供应链金融与农业产业链融资创新》，《中国农村金融》2011 年第 9 期。

[86] 李晶晶、李建英：《引大资本进入农业领域的思考》，《河北经贸大学学报》（综合版）2013 年第 1 期。

# 后　记

解决好“三农”问题的关键是不断培育和壮大农业产业化。从中外的实践来看，农业产业化要求金融服务范围从传统的农业生产扩大到农产品加工流通、农业科技研发推广、农机农资生产销售等各个环节，从而覆盖整个产业价值链。实践证明，农业价值链融资在农业产业化中占有重要地位，一是农业价值链融资拓宽了价值链中中小企业的融资渠道，缓解了农业价值链中的中小企业融资约束，为农村金融服务创新提供了新思路。二是农业价值链融资把与价值链相关的各个主体联系起来通过外部金融信用和内部商业信用解决了相互之间的融资难问题，带动小农户进入大市场。依托农业价值链融资，不仅可以为产业链条上各环节不同农业经营主体提供有效的融资服务，推进农村一二三产业融合，还可以极大地促进农业产业化的发展。

“农业价值链融资”是一个崭新的课题，理论性和实践性都很强，对于推进农村第一、第二、第三产业的融合，实现农业产业化经营绝非轻而易举之事，不仅需要做理论研究，还需要在实践中不断完善和发展。基于此，我从 2011 年开始关注农业价值链融资问题，系统研读相关文献，并进行实地调研。虽然在研究的过程中遇到了一些困惑，但是得到了很多帮助和支持。其中，在参加“中国农村金融发展论坛”会议期间得到了中国人民大学马九杰教授的指点；在廊坊等地调研中，得到了时任廊坊市副市长邹铭、金融办主任李薛青的大力支持。在此，对各位领导、专家、同事和朋友表示深深的谢意！

书稿出版之际，谨将本书送给我亲爱的家人们，无私的母亲、体贴的丈夫、懂事的儿子 、谦让的妹妹和妹夫、乖巧的外甥女，都在默默地支持和包容着我，感谢我的家人们！